中国电子信息工程科技发展研究

智能计算专题

中国信息与电子工程科技发展战略研究中心

科学出版社

北 京

内 容 简 介

　　智能计算作为人工智能时代的核心生产力，已成为国际计算机科技发展的焦点，在计算理论、体系架构、应用模式等方面迎来颠覆性变革。本书从全球发展态势、我国发展现状、未来展望和热点亮点四个方面介绍智能计算取得的重要进展情况，对智能计算核心器件、关键软件、计算设备、计算架构等全球及我国态势、关键技术产业进展进行深入研究，希望为我国智能计算领域的发展提供参考。

　　本书适合计算机、人工智能等专业的本科生和研究生阅读，也可供相关领域的工程技术人员和科研工作者参考。

图书在版编目（CIP）数据

中国电子信息工程科技发展研究. 智能计算专题/中国信息与电子工程科技发展战略研究中心编著. —北京：科学出版社，2022.9
ISBN 978-7-03-073069-5

Ⅰ. ①中… Ⅱ. ①中… Ⅲ. ①电子信息-信息工程-科技发展-研究-中国 ②人工智能-计算-科技发展-研究-中国 Ⅳ. ①G203②TP183

中国版本图书馆 CIP 数据核字（2020）第 162104 号

责任编辑：王 哲 / 责任校对：张小霞
责任印制：吴兆东 / 封面设计：迷底书装

斜学出版社 出版
北京东黄城根北街 16 号
邮政编码：100717
http://www.sciencep.com
北京虎彩文化传播有限公司 印刷
科学出版社发行　各地新华书店经销
*
2022 年 9 月第 一 版　开本：890×1240 1/32
2022 年 9 月第一次印刷　印张：4 3/4
字数：113 000
定价：88.00 元
（如有印装质量问题，我社负责调换）

《中国电子信息工程科技发展研究》指导组

组　长：

　　　吴曼青　费爱国

副组长：

　　　赵沁平　余少华　吕跃广

成　员：

　　　丁文华　刘泽金　何　友　吴伟仁

　　　张广军　罗先刚　陈　杰　柴天佑

　　　廖湘科　谭久彬　樊邦奎

顾　问：

　　　陈左宁　卢锡城　李天初　陈志杰

　　　姜会林　段宝岩　邬江兴　陆　军

《中国电子信息工程科技发展研究》工作组

组　长：
　　　　余少华　陆　军
副组长：
　　　　安　达　党梅梅　曾倬颖

中国信息与电子工程科技发展战略研究中心
CHINA ELECTRONICS AND INFORMATION STRATEGIES

中国信息与电子工程科技
发展战略研究中心简介

中国工程院是中国工程科学技术界的最高荣誉性、咨询性学术机构，是首批国家高端智库试点建设单位，致力于研究国家经济社会发展和工程科技发展中的重大战略问题，建设在工程科技领域对国家战略决策具有重要影响力的科技智库。当今世界，以数字化、网络化、智能化为特征的信息化浪潮方兴未艾，信息技术日新月异，全面融入社会生产生活，深刻改变着全球经济格局、政治格局、安全格局，信息与电子工程科技已成为全球创新最活跃、应用最广泛、辐射带动作用最大的科技领域之一。为做好电子信息领域工程科技类发展战略研究工作，创新体制机制，整合优势资源，中国工程院、中央网信办、工业和信息化部、中国电子科技集团加强合作，于2015年11月联合成立了中国信息与电子工程科技发展战略研究中心。

中国信息与电子工程科技发展战略研究中心秉持高层次、开放式、前瞻性的发展导向，围绕电子信息工程科技发展中的全局性、综合性、战略性重要热点课题开展理论研究、应用研究与政策咨询工作，充分发挥中国工程院院士，国家部委、企事业单位和大学院所中各层面专家学者的智力优势，努力在信息与电子工程科技领域建设一流的战略思想库，为国家有关决策提供科学、前瞻和及时的建议。

《中国电子信息工程科技发展研究》
编写说明

当今世界，以数字化、网络化、智能化为特征的信息化浪潮方兴未艾，信息技术日新月异，全面融入社会经济生活，深刻改变着全球经济格局、政治格局、安全格局。电子信息工程科技作为全球创新最活跃、应用最广泛、辐射带动作用最大的科技领域之一，不仅是全球技术创新的竞争高地，也是世界各主要国家推动经济发展、谋求国家竞争优势的重要战略方向。电子信息工程科技是典型的"使能技术"，几乎是所有其他领域技术发展的重要支撑，电子信息工程科技与生物技术、新能源技术、新材料技术等交叉融合，有望引发新一轮科技革命和产业变革，给人类社会发展带来新的机遇。电子信息工程科技作为最直接、最现实的工具之一，直接将科学发现、技术创新与产业发展紧密结合，极大地加速了科学技术发展的进程，成为改变世界的重要力量。电子信息工程科技也是新中国成立 70 年来特别是改革开放 40 年来，中国经济社会快速发展的重要驱动力。在可预见的未来，电子信息工程科技的进步和创新仍将是推动人类社会发展的最重要的引擎之一。

把握世界科技发展大势，围绕科技创新发展全局和长远问题，及时为国家决策提供科学、前瞻性建议，履行好国家高端智库职能，是中国工程院的一项重要任务。为此，中国工程院信息与电子工程学部决定组织编撰《中国电子信息工程科技发展研究》(以下简称"蓝皮书")。2018 年 9 月至今，编撰工作由余少华、陆军院士负责。"蓝皮书"分综合篇和专题篇，分期出版。学部组织院士并动员各方面专家 300 余人参与编撰工作。"蓝皮书"编撰宗旨是：分析研究电子信息领域年度科技发展情况，综合阐述国内外年度电子信息领域重要突破及标志性成果，为我国科技人员准确把握电子信息领域发展趋势提供参考，为我国制定电子信息科技发展战略提供支撑。

"蓝皮书"编撰指导原则如下：

(1) 写好年度增量。电子信息工程科技涉及范围宽、发展速度快，综合篇立足"写好年度增量"，即写好新进展、新特点、新挑战和新趋势。

(2) 精选热点亮点。我国科技发展水平正处于"跟跑""并跑""领跑"的三"跑"并存阶段。专题篇力求反映我国该领域发展特点，不片面求全，把关注重点放在发展中的"热点"和"亮点"问题。

(3) 综合与专题结合。"蓝皮书"分"综合"和"专题"两部分。综合部分较宏观地介绍电子信息科技相关领域全球发展态势、我国发展现状和未来展望；专题部分则分别介绍 13 个子领域的热点亮点方向。

5 大类和 13 个子领域如图 1 所示。13 个子领域的颗粒度不尽相同，但各子领域的技术点相关性强，也能较好地与学部专业分组对应。

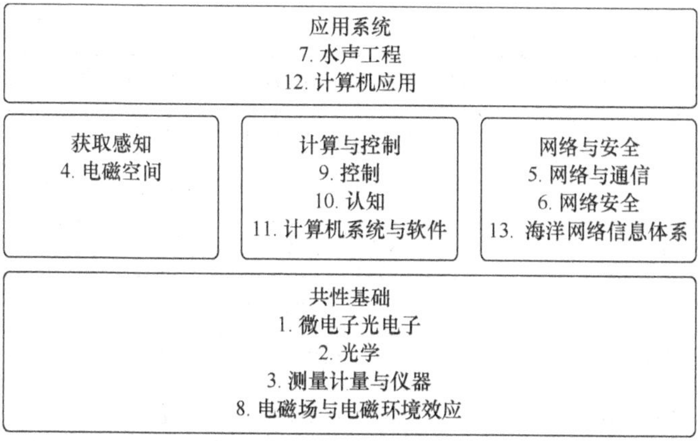

```
┌─────────────────────────────────────────────────────────┐
│                      应用系统                            │
│                    7. 水声工程                           │
│                   12. 计算机应用                         │
└─────────────────────────────────────────────────────────┘

┌──────────────┐  ┌──────────────────┐  ┌──────────────────┐
│   获取感知    │  │    计算与控制     │  │    网络与安全     │
│  4. 电磁空间  │  │     9. 控制       │  │   5. 网络与通信   │
│              │  │    10. 认知       │  │    6. 网络安全    │
│              │  │ 11. 计算机系统与软件│  │ 13. 海洋网络信息体系│
└──────────────┘  └──────────────────┘  └──────────────────┘

┌─────────────────────────────────────────────────────────┐
│                      共性基础                            │
│                  1. 微电子光电子                         │
│                     2. 光学                              │
│                3. 测量计量与仪器                         │
│              8. 电磁场与电磁环境效应                     │
└─────────────────────────────────────────────────────────┘
```

图 1　子领域归类图

前期,"蓝皮书"已经出版了综合篇、系列专题和英文专题,见表 1。

表 1　"蓝皮书"整体情况汇总

序号	年份	中国电子信息工程科技发展研究——专题名称
1		5G 发展基本情况综述
2		下一代互联网 IPv6 专题
3		工业互联网专题
4		集成电路产业专题
5	2019	深度学习专题
6		未来网络专题
7		集成电路芯片制造工艺专题
8		信息光电子专题
9		可见光通信专题
10	大本子	中国电子信息工程科技发展研究(综合篇 2018—2019)

续表

序号	年份	中国电子信息工程科技发展研究——专题名称
11	2020	区块链技术发展专题
12		虚拟现实和增强现实专题
13		互联网关键设备核心技术专题
14		机器人专题
15		网络安全态势感知专题
16		自然语言处理专题
17	2021	卫星通信网络技术发展专题
18		图形处理器及产业应用专题
19	大本子	中国电子信息工程科技发展研究（综合篇 2020—2021）
20	2022	量子器件及其物理基础专题
21		微电子光电子专题*
22		测量计量与仪器专题*
23		网络与通信专题*
24		网络安全专题*
25		电磁场与电磁环境效应专题*
26		控制专题*
27		认知专题*
28		计算机应用专题*
29		海洋网络信息体系专题*
30		智能计算专题*

* 近期出版。

从 2019 年开始，先后发布《电子信息工程科技发展十四大趋势》和《电子信息工程科技十三大挑战》（2019 年、2020 年、2021 年、2022 年）4 次。科学出版社与 Springer 出版社合作出版了 5 个专题，见表 2。

表 2 英文专题汇总

序号	英文专题名称
1	Network and Communication
2	Development of Deep Learning Technologies
3	Industrial Internet
4	The Development of Natural Language Processing
5	The Development of Block Chain Technology

相关工作仍在尝试阶段，难免出现一些疏漏，敬请批评指正。

中国信息与电子工程科技发展战略研究中心

前　言

　　智能计算作为人工智能时代的重要生产力，已成为国际计算机科技发展的焦点，在计算理论、体系架构等方面迎来颠覆性变革。同时，云计算、大数据、人工智能、物联网、移动互联网等新一代信息技术与传统行业不断融合，新的智能计算应用场景不断涌现，驱动计算技术不断取得新突破。全球发展态势方面，多样丰富的智能计算形态支撑了全行业智能升级；非传统计算整体仍处于探索阶段；开源成为智能计算技术创新和生态构建的主要途径；智能计算模式将与行业应用需求精准匹配；计算芯片持续向多元化、高性能、定制化方向演进；智算中心操作系统向智能化、平台化、网络化、服务化发展；E级超算成为高性能计算重点布局领域。国内发展现状方面，国产计算芯片量产加速推动自主化替代进程；操作系统与基础软件构筑新时期生产力平台工具；云边协同已成为政府和行业共识，在基础设施和生态方面取得重要进展；计算生态规模、架构、形态同步演进。

　　然而，面对指数级增长的计算需求，智能计算面临多元化、巨量化和生态化的挑战，具体体现在三个方面：第一，计算场景的复杂性、计算架构的多元化挑战；第二，由巨量模型、巨量数据、巨量算力、巨量应用所引发对现有计算机体系结构的挑战；第三，现在的智算正处于群雄并起的阶段，自成体系，生态离散，产业链上下游脱节。此外，摩尔定律陷入瓶颈、算力提升举步维艰，单一架构难以满足智能应用对算力的需求，同时还面临计算理论不坚实、计算机理不清晰、计算范式不成熟、计算环境不确定等各类挑战。因此，未来亟须开展多元计算架构形态研究，深耕量子计算、光计算、类脑计算等非传统计算技术，深度融合计算、存储、网络等多种资源，在新架构、新器件、新材料、新工艺等方向持续创新，在软件定义、软硬协同、场景驱动、应用感知、智能赋能等基础软件方面不断发展。

本专题延续 2021 年蓝皮书的研究范畴，持续对智能计算核心器件、关键软件、计算设备、计算架构等全球及我国态势、关键技术产业进展进行深入研究。

专家组/撰写组名单

姓名	工作单位	职务/职称
王恩东	浪潮集团有限公司	院士
赵沁平	北京航空航天大学	院士
廖湘科	国防科技大学	院士
钱德沛	北京航空航天大学	院士
杨广文	清华大学	教授
左德承	哈尔滨工业大学	教授
冯丹	华中科技大学	教授
王海峰	百度	首席技术官
肖利民	北京航空航天大学	教授
谭郁松	国产基础软件工程研究中心	主任/研究员
黄华	北京师范大学	教授
聂华	曙光信息产业股份有限公司	副总/高级工程师
李论	中国信息通信研究院	副主任
李仁刚	浪潮人工智能研究院	副院长/正高级工程师
李雪雷	高效能服务器和存储技术国家重点实验室	研究员/高级工程师
王佳奇	中国信息通信研究院	研究员
郭英男	中国信息通信研究院	研究员

续表

姓名	工作单位	职务/职称
张东	济南浪潮数据技术有限公司	董事长/正高级工程师
吴韶华	浪潮电子信息产业股份有限公司	部门总经理
李拓	浪潮人工智能研究院	部门副总经理
孙波	浪潮思科网络科技有限公司	总经理
赵雅倩	高效能服务器和存储技术 国家重点实验室	首席研究员/高级工程师
张知暾	百度	高级技术专家
刘涛	百度	高级技术专家

注：排名不分先后

目　录

第1章 全球发展态势

智能计算作为人工智能时代的重要生产力，已成为国际计算机科技发展的焦点，全球发展态势呈现出的主要特征表现在：智能计算形态日趋丰富，非传统计算处于探索阶段，计算芯片向多元化、高性能、定制化演进，开源生态逐步完善，计算模式与行业需求精准匹配，智算中心操作系统走向智能化、平台化、网络化、服务化，如图 1.1所示。

图 1.1　智能计算领域全球发展态势

1.1　智　能　计　算

以人工智能为主要推动力的智能计算正在向多元化、巨量化、生态化方向演进，有效推动了 AI 产业化和产业 AI化的快速发展，加速数字经济与实体经济的深度融合。分环节来看，AI 芯片向算力多元化方向演进；智算中心成为算力基础设施发展的新方向，大算力、大模型成为智算中心的典型特征；智算中心基础软件也由云操作系统向云数智融合方向发展，逐渐演进成智算中心操作系统；AI 计算框架已经从百家争鸣缩减为有限的几种，市场格局进一步清晰，但整体上仍由国际科技巨头主导；智算中心和 AI 能力开放平台的建设推动着智能计算生态不断向开放、融合的方向发展。分地区来看，美国科技企业在 AI 算力、智算中心、AI 计算框架、AI 开放平台方面有较强的资金和技术优势，引领全球 AI 技术的发展；我国将人工智能视为新一轮科技革命和产业变革的重要驱动力，在 AI 算力基础设施的建设中不断加大投入，特别是在 AI 服务器、AI 计算框架和 AI 开放平台方面，中国科技创新企业正奋起直追，在部分领域已经与国际科技巨头比肩而行。

1.1.1 智能计算应用领域不断扩展

人工智能已进入工程化落地关键期，与行业融合渗透不断深入，成为医疗、交通、基础科学等领域创新突破的有力抓手。在医疗领域，智能计算与精准医疗深度结合，实现辅助智能诊断、智能手术规划、智能手术导航等应用，大幅提升医生的工作效率。例如，哈尔滨医科大学第一附属医院依靠 AI 技术实现复杂手术的术前规划和术中导航，辅助医生精准避让高位脊髓组织周边的关键中枢神经，实施了颈部肿瘤切除术，帮助患者恢复健康。在交通领域，智能计算助力无人驾驶的落地应用。百度无人驾驶项目 Apollo Go 已在多个城市试运行，累计接待旅客超过 21 万人次；中国自动驾驶企业(如百度、文远知行等)正积极开展基于开放道路的无人驾驶测试，标志着我国无人驾驶技术加速走向产业应用。在基础科学领域，智能计算助力科学研究探索发现新规律。谷歌子公司深度思考(Deep Mind)助力 AI 技术与数学家合作，AI 首先对大规模数据进行探测来提出解题猜想，数学家对猜想进行精确表述和严格证明，从而发现与证明新的数学理论，该技术已经帮助数学家得到了纽结理论中代数和几何不变量之间的关系。同时，智能计算也被广泛应用到其他各项科学研究中。例如，AlphaFold2 模型通过训练来预测蛋白质的 3D 折叠形状，IBM 用人工智能预测有机化学反应的结果，从而加速新药的实验研制进度。以上表明，智能计算将成为人类扩展科学知识边界的最有用工具之一。

1.1.2　智能计算向多元化、规模化方向发展

智能计算的"多元化"包括计算场景的多样化和计算架构的多元化。第一，智能计算场景复杂多样。云计算、边缘计算、关键计算、科学计算等不同领域数据量级和计算类型各异，从 AI 推理到 AI 训练各阶段的数据量大不相同。同时，计算类型的新扩展也增大了算力需求跨度，这些复杂的应用场景推动着智能计算向多元化方向发展。第二，智能计算架构多元化。一方面，智能计算的数据输入种类繁多(如结构化、半结构化、非结构化的数据输入)，不同类型的数据对计算芯片指令集、微架构的要求不同，通用计算架构已经无法满足多元化计算场景要求。另一方面，智能手机的发展及互联网的普及为智能计算带来了海量的数据，单一架构处理器已经难以满足海量数据的实时处理要求。因此，高算力、低能耗且适应各类复杂环境的定制化 AI 芯片成为智能计算的发展热点。谷歌、百度、寒武纪

等头部科技企业依托自身技术及业务优势从不同的切入点布局芯片产品研发和规模应用。在云端芯片方面，国外企业仍然占据领先优势。2021 年谷歌发布 TPUv4 AI 芯片，得益于其独特的高速互连技术，能够将数百个独立的 TPU 处理器转变为一个整体系统，从而大幅提升云计算性能，如 TPU v4 Pod(包含 4096 个 TPU v4)算力可达到 1 EXAFLOPS。2019 年昆仑芯 1 代芯片首次在国内大型互联网业务上进行万片以上的规模部署。昆仑芯 2 代芯片基于自研 XPU-R 架构，采用 7nm 制程，GDDR6 高带宽显存，半浮点精度(FP16)算力可达 128 TFLOPS，规模部署后云计算性能大幅提高，进一步打破了国外企业对云端芯片的长期垄断。在边缘和终端芯片方面，截至 2021 年底，凭借 MLU220/MLU270 产品，寒武纪在边缘计算上实现近百万片量级的规模销售。2022 年比特大陆(算能)、燧原科技等企业也在持续发力，边缘和终端芯片计算性能逐步达到行业中高端水平。综上所述，伴随人工智能在各个行业的应用，各类 AI 芯片的需求大幅提升，且更加细分多元，促使智能计算向多元化、规模化方向发展。

1.1.3　智能计算给计算机体系结构带来挑战

智能计算的大模型、大数据、大算力及应用的不断升级，给计算机体系结构带来挑战。第一，智能计算系统的存储需求不断提升。以 NLP(自然语言处理)任务为例，基于自监督学习的预训练模型兴起后，模型精度随着模型尺寸及训练数据的增加而显著提升。2020 年 Open AI 发布的 GPT-3 模型参数量突破千亿量级，达到了 1750 亿，单次训练需要

355 张 GPU，花费大约 2000 万美元，且巨量模型对内存的需求呈指数级上涨。2021 年，清华大学、北京智源等单位基于新一代神威超算系统完成百万亿参数大模型的高效训练。在超大规模智能计算系统中，需要同时满足几万块 AI 加速卡的高性能读取需求，这促使智能计算存储系统向更大规模的方向发展。第二，智能计算系统的算力需求不断提升。例如，GPT-3 模型对算力的需求达到 3640PD (PFLOPS-Day)，未来到 2023 年巨量模型的算力需求将达到百万 PD。然而，在当今世界最快的超算系统上，完成百万 PD 的计算所需时间约为 2 年。此外，巨量模型的训练、调试以及应用还带来高能耗、高成本等问题。例如，在微软超算数据中心训练一次 GPT-3 模型消耗的电量约为 19 万度。由此可见，通过提高智能计算效率来降低计算成本将成为业内解决大模型应用落地的有效方法。

1.1.4　智算中心成为行业发展方向

智算中心可提供算力、数据和算法等人工智能全栈能力，是支撑人工智能快速发展和应用运行的新型算力基础设施。近年来，随着应用场景日益复杂化，AI 算力需求呈指数级增长，智算中心规模不断扩大。根据美国《2020 年国家 AI 倡议法案》(National AI Initiative Act of 2020)，美国国家 AI 倡导办公室确定了国家 AI 研究与应用协调发展项目，将用于 AI 的超算中心列为保持美国 AI 竞争力的四大基础设施之一。美国脸书公司，其 AI "研究超级集群" (AI Research Super Cluster, RSC)在第二阶段完成时将包含大约 16000 个 GPU，能够 "在 1 艾字节大的数据集上使用超过一万亿个参数"训练 AI 系统,可以从数万亿实例中学习,跨越数百种语言工作,把文本、图像和视频放在一起分析。脸书认为,它将是世界上最快的 AI 超级计算机。未来,随着智能社会的不断发展,智算中心将成为支撑和引领数字经济、智能产业、智慧城市、智慧社会发展的关键信息基础设施,并有效促进 AI 产业化、产业 AI 化及政府治理智能化的进程,推进经济高质量发展。数据中心智能化升级将进一步加快步伐,基础算力、智能算力、超算算力结构将随着计算需求持续变化,智能算力规模占比将持续扩大。

1.1.5 智能计算框架创新升级

全球来看,目前以谷歌、脸书、亚马逊、微软等为代表的互联网科技巨头,凭借自身的数据、技术和资本等优势,持续在 AI 计算框架生态领域发力,引领全球 AI 计算框架创新升级。其中最具有代表性的是谷歌公司的 TensorFlow 框架和脸书公司的 PyTorch 框架。从市场占有率情况看,产业界以 TensorFlow 为主,学术界以 PyTorch 为主。产业方面,谷歌于 2019 年推出 TensorFlow Enterprise,为大型企业提供 TensorFlow 的优化版本以及长期的技术支持,并与 Google Cloud 服务深度集成,持续巩固 TensorFlow 在产业界的领先地位;学术方面,据 Papers With Code 数据显示,2021 年全年基于 PyTorch 的论文数量在所有基于 AI 计算框架的论文中占比高达 58.56%,其在学术界的领先优势在持续加强。未来短期内,这种谷歌(TensorFlow)和脸书(PyTorch)为代表的"双寡头"格局较难改变。在国际知名数字科技巨头主导开源 AI 计算框架的背景下，我国数字科技企业立足国产技术创新，积极布局具有自主知识产权的国产开源框架，力求突破我国开源框架受限于海外的格局。近年来我国相继推出国产 AI 计算框架，例如，百度 PaddlePaddle(飞桨)、华为 MindSpore(昇思)、一流科技 OneFlow、旷视 MegEngine(天元)、清华 Jittor(计图)等。在国内市场上，百度飞桨已经位列深度学习平台市场综合份额第一，成为能够与国际主流 AI 计算框架比肩的国产自研框架。该框架在核心技术和产品体验上已与国际头部 AI 计算框架基本持平并具备部分领先优势，且在开发者规模、企业应用市场份额上有明显提升。在 AI 计算框架的生态建设方面，从全球范围来看，我国仍处于劣势地位，相当规模的 AI 应用从底层开源代码贡献、底层硬件适配，到中间算子研发迭代、模型库完善，以及上层算法模型构建，仍构筑在 TensorFlow、PyTorch 等国际主流 AI 计算框架之上。

1.1.6 智能计算推动行业智能化升级

AI 开放平台作为整合人工智能技术、产业链、金融等资源的服务型平台，成为实现行业应用、输出核心 AI 技术的创新载体。通过建设共享集约化的人工智能开放服务平台，一方面可以打通数据资源汇聚、共享等环节，有效整合 AI 技术资源和产业链资源，实现 AI 研发的"开放、共享"理念，提供技术、产品、知识、人才及产业链周边服务等全链的使能共享服务支持，为各类企业和个人开发者降低开发门槛，减少重复劳动，集中资源实现核心技术攻关，有效提升人工智能核心技术的研发能力，增加行业赋能价值。另一方面，依托人工智能开放平台，能够聚拢来自产学研用各方需求和资源，实现 AI 商业化供需双方的深入广泛对接，挖掘更多行业需求和痛点堵点，针对不同行业不同场景提供更精准更有效的解决方案，在行业内起到示范效应，促进人工智能技术成果的扩散与转化应用，加速人工智能与行业的融合创新，推进人工智能规模化应用，带动规模化人工智能产业生态，加速推动人工智能实现覆盖全行业的服务性应用，促进实体经济与人工智能的深入融合，推动形成数据驱动的智能经济形态。

1.1.7　存算一体架构为算力提升提供新的机遇

由于智能计算对算力的需求呈爆发式增长，且传统摩尔定律接近极限，算力的增长受到严重挑战。因此，如何有效提升算力成为智能计算的重要研究方向。在后摩尔时代，传统的存算分离架构成为制约算力提升的主要瓶颈之一，学术界及产业界纷纷提出存算一体的设计架构。在学术研究上，三星电子提出基于磁性随机存储器的存内计算研究，该研究成果发表在 *Nature* 杂志上[1]。叶镭、缪向水团队提出面向神经形态硬件的同质晶体管-存储器架构，研究成果发表在 *Science* 杂志上[2]。缪峰教授团队提出用时间上连续信号作为信息载体，引入频率维度从而实现并行神经形态计算的方案，得到迄今最高并行度的神经形态计算方案，研究成果发表在 *Nature Nanotechnology* 杂志上[3]。魏少军、尹首一团队设计出国际上首款面向云端 AI 场景的可重构数字存内计算芯片 ReDCIM，可达到 29.2TFLOPS/W 的 BF16 浮点能效和 36.5TOPS/W 的 INT8 整数能效，研究成果发表在 ISSCC 杂志上[4]。在产业层面，三星在 2021 年发布 HBM2-PIM，其使用 Aquabolt-XL 技术实现 HBM2 DRAM 上的存内计算，计算能力可达 1.2TFLOPS。美国 Mythic 公司推出 M1076 模拟矩阵处理器，在功率为 3W 的条件下，支持高达 25 万亿次/秒的智能计算，耗电量比传统模拟处理器降低 10 倍。美国 SK 海力士推出存内计算产品 GDDR6-AiM，特定计算环境中可将计算速度提高 16 倍，同时功耗降低 80%。美国 ScaleFlux 公司推出首个具有透明压缩技术的计算型存储设备 CSD2000，使用 PostgreSQL 数据库测试性能提升 40%，同时存储空间仅为原来的六分之一，极大提高了空间利用率。美国 Eideticom 公司推出首款基于 NVMe 的计算型存储设备 smartSSD，支持文件系统的透明压缩、加密、智能计算以及用户自定义扩展，使用 RocksDB 测试获得 6 倍的性能提升。

1.2　非传统计算

自电子计算机诞生以来，计算能力不断提升，人们对智能计算的需求也飞速增长。随着智能计算的发展，传统计算面临着半导体工艺物理极限带来的严重挑战，人们逐渐将目光转向非传统计算。非传统计算的研究主要集中于神经元计算、光学计算和生物计算等领域，这些非传统计算为智能计算带来新的可能性。其中，神经元计算持续呈现蓬勃发展态势，已进入技术攻坚和应用起步期，其他非传统计算在整体上仍处于前期探索阶段。

神经元计算的物理实现和理论支撑呈同步演进态势。

物理实现方面，2020 年 3 月，英特尔推出了 Pohoiki Springs 系统，共聚合了 768 块 Loihi 神经拟态芯片，其具备一亿个神经元的计算能力，但该系统并未实用，仅为科研人员探索神经启发算法提供实验环境。2021 年 9 月，英特尔又推出了 Loihi2 神经拟态芯片(图 1.2)，使用了 Intel 4 制程工艺，芯片上集成的神经元数达到了 100 万[5]，在某些特定工作负载上，可以比传统处理器效率高出 2000 倍。2020 年 6 月，麻省理工学院的团队设计了一种基于合金特性的新型神经忆阻器，突破了传统忆阻器窄通道信号不可靠的问题，为构建新型神经网络硬件提供了新的方向[6]。理论支撑方面，2020 年 10 月，清华大学的团队发布了一套基于"神经形态完备性"(Neuromorphic Completeness)概念构建的通用抽象神经形态架构，实现了程序在神经元计算完备的硬件平台上的可移植性，成果发表于 *Nature*[7]。神经元计算通过仿真或模仿大脑存算一体的运算过程，以实现类脑计算。伴随软硬件的发展，类脑计算近年成为智能计算的热门领域。

图 1.2 英特尔 Loihi2 神经拟态芯片

光学计算、生物计算、分子计算等前沿路线接连取得突破，但距实际应用仍有很长的路要走。在光学计算机方面，2021 年 8 月，LightOn 公司在 HotChips 2021 大会上公布了其非冯诺依曼架构的光学协处理器(Optical Processing Unit，OPU)，输入的光束向量通过空间光调制器、散射材料和 CMOS 最终输出数字向量，其单个光核的处理能力达到 1.5TOPS，最高能耗仅为 30W，并可通过 PCIe 接口与传统 CPU 通信[8]；2021 年 9 月，俄罗斯斯科尔科沃科学技术研究院与 IBM 共同开发了一种新型的光开关，可以实现高速且无需冷却的切换操作，每秒 1 万亿次操作，比当今一流的商用晶体管快 100～1000 倍，未来有望替代现有电子晶体管成为基础元件，成果发表于 *Nature*[9]。在生物计算方面，2021 年 7 月，韩国仁川大学研发了基于 DNA 的可编程微流控单元，该单元由 3D 打印制成，并可由计算机控制以执行 DNA 逻辑计算，实现编程操作，不过该单元体积很大，目前处于原型开发阶段[10]。在分子计算方面，Rosewell 生物技术公司宣布推出用于生物传感应用的分子电子芯片，其将单分子集成至电路中，在半导体芯片上引入了可缩放的生物传感器，并在药物发现等方向实现可编程[11]。

1.3　开源创新和生态构建

全球开源技术蓬勃发展，实现多行业深度渗透，各领域头部公司依托自身优势引领开源智能计算技术创新，构建并完善开源生态。

1.3.1　国际国内智能计算开源生态建设并行发展

国际科技企业巨头以及开源组织凭借自身的技术、资本等优势，在智能计算开源领域持续发力。2015 年以来，脸书公司开源了一组基于 Torch 的深度学习工具，谷歌将其开发的深度学习引擎 TensorFlow 开源，微软开源了分布式机器学习工具包 DMTK。此外，Apache 软件基金会孵化项目中出现了诸多机器学习、人工智能领域的开源工具，如机器学习开源框架 Apache Mahout、机器学习算法实现库 Apache MLlib、由 IBM 开源的机器学习系统 Apache SystemML，以及当下流行的开源深度学习框架 Apache MXnet。

我国企业积极构建开放创新的智能计算开源生态体系，构筑中国智能计算产业核心竞争力。2016 年，百度发布了开源开放的产业级深度学习平台飞桨(PaddlePaddle)，并于 2021 年发布了 v2.1 版，飞桨是我国首个自主研发、功能丰富、开源开放的产业级深度学习平台，覆盖了搜索、图像识别、情感分析、机器翻译、语音语义识别理解、用户画像推荐等多领域的业务和技术。2020 年，华为昇思 MindSpore 正式开源，原生支持大规模训练，自动并行降低 80%代码数量，自动调优节约 60%时间成本，为企业业务创新奠定了基础。2020 年，清华大学开源 AI 框架计图 (Jittor)，计图采用创新的元算子融合和动态编译技术，对内存进行了深度优化，能够有效提升系统的运行性能和通用性，确保实现和优化分离，可以大幅提升应用开发的灵活性、可扩展性和可移植性。2020 年，旷视科技宣布开源天元(MegEngine)，作为旷视 Brain++的核心组件之一，天元是训练推理一体化、动静态合一的工业级深度学习框架，借助友好的编程接口，能够帮助开发者进行大规模深度学习模型训练和部署。2021 年，浪潮人工智能研究院发布并开源 AI 巨量模型源 1.0，源 1.0 是全球最大中文预训练语言模型，其参数量为 2457 亿，训练数据集规模达到 5000GB，相比 GPT-3 模型的 1750 亿参数量和 570GB 训练数据集，"源 1.0"的参数规模增加了 40%，训练数据集规模增加近 10 倍。

1.3.2　基于云服务的开源协同更加智能化

智能计算相关技术的发展促进了开源软件在线协同开发工具的逐步完善，如代码审查工具、持续集成工具、包和仓库管理工具等。云服务商融合在线协同开发模式，通过提供基于 Web 界面的云端集成开发环境(IDE)、基于容器的弹性工作空间以及持续集成服务等，打造完整线上协同开发解决方案，典型平台包括国外的 Github、GitLab、Bitbucket 以及 HashiCorp 等，国内的 Gitee 和 Cloud WorkBench 等。在智能化方面，GitHub 和 OpenAI 联合发布了基于人工智能的代码补全工具 GitHub Copilot，支持在 IDE 编辑器中根据注释及上下文环境自动完成代码片段。Gartner 的相关报告表明，到 2023 年，40%的 DevOps 团队将使用集成了人工智能的应用程序和基础设施监控运维平台，用以快速识别和解决问题。开源协同的智能化，进一步提升了开源开发者沟通、协作、协同的效率。

1.3.3　基于 RISC-V 的开源芯片快速崛起

RISC-V 是由加州大学伯克利分校提出的开放指令集，具有指令精简、模块化、可扩展、采用 BSD 开源协议等特点，近年来得到全世界的广泛认可与积极投入，包括高通、西部数据、谷歌、英伟达、IBM 等在内的众多科技巨头，以及加州大学伯克利分校、普林斯顿大学、剑桥大学、苏黎世联邦理工大学等知名院校及研究机构纷纷加入 RISC-V 阵营。截至 2021 年 9 月，RISC-V 国际基金会的会员已覆盖 70 多个国家，总数已达两千余个。英特尔已经加入 RISC-V 国际基金会，并设立 10 亿美元基金用于推动 RISC-V ISA 规范及生态发展。经 RISC-V 社区统计，目前公开发布并已经提交到社区的 RISC-V 处理器已超一百种，如以伯克利的 Rocket/BOOM、SiFive 的 Freedom 为代表的通用型处理器，以及阿里平头哥的"玄铁"系列、中国科学院计算技术研究所研发的开源高性能 RISC-V 处理器"香山"等。2021 年 1 月，阿里平头哥成功将 Android 10 移植到 RISC-V 架构上；10 月，阿里平头哥开源了玄铁系列 RISC-V 处理器，并开放系列工具及系统软件，这是其系列处理器与基础软件的全球首次全栈开源。2021 年 12 月，由赛昉科技支持的 RISC-V 开源社区平台 RVspace 正式上线。万物互联时代也为 RISC-V 带来变革性机遇，使得 RISC-V 物联网处理器芯片得到大规模商用。开源开放加速了处理器芯片架构创新，基于 RISC-V 的类脑、众核等新型计算芯片的研发方兴未艾，RISC-V 与智能计算产业互促发展目前呈现出良好的发展态势，RISC-V 开源芯片促进了智能计算生态向开源化的方向演进，逐步实现了与行业的深度融合，有效推动了产业化的智能升级。

1.4　计算模式与行业应用

1.4.1　5G 促进"端边云网智"计算模式全面发展与应用

  5G 在智慧城市、智慧工业、工业物联网、医疗保健等领域的应用和推广，使得"端边云网智"的计算模式持续发展。2021 年以来，主要呈现如下几个特征：一是终端设备、边缘计算云、云计算中心之间的交互与融合更加明显，生态得到了进一步完善；二是基于 5G 网络的云边端融合计算模式有可借鉴的工业实践经验；三是人工智能在"端边云网智"计算架构中的应用更加广泛。

  5G 网络为"端边云网智"融合创造了有利条件，边缘设备和终端设备可以提供一定的计算和存储资源，增强安全性并降低用户延时和能源消耗，高负载操作可通过高速互联的 5G 网络卸载至云计算平台[12]。2021 年，"端边云网智"深度融合，各大机构围绕"端边云网智"的计算模式开展了积极的尝试和布局，出现了以分布式云为主要形式的商业产品。2021 年 3 月，微软在 Ignite 大会[13]中发布了其分布式云产品 Azure Arc，用户可以在数据中心、边缘或多云环境中部署 Windows、Linux、SQL Server 和 Kubernetes，从而充分利用 Azure 全面的安全、治理和管理功能；同时客户能够利用 Azure 提供的应用、数据和机器学习服务，在任何环境中构建新型智能应用软件[14]。2021 年 10 月，谷歌在 Next'21 计算大会上推出软硬件一体化的分布式云解决方案谷歌 Distributed Cloud[15,16]，此方案将谷歌的基础架构拓展到边缘设备和端设备，构建了一套以服务为中心的网络系统。2021 年 11 月，AWS 在 re:Invent 大会[17]上发布了 Amazon Outposts 1U 2U 服务器、Amazon Private 5G 等产品；Amazon Outposts 1U 2U 服务器在本地数据中心提供与云数据中心相同的软件、硬件和 API 接口，并提供更稳定的网络连接和更低的网络延迟，可以让企业的云上应用负载和本地负载进行连接和互动；Amazon Private 5G 可以帮助用户构建 5G 或者 LTE 专网托管服务，以全新的资源交付模式为企业提供经济的、安全的本地移动专网[18]。

1.4.2　云边端融合计算在工业领域应用趋于成熟

超低时延、海量数据、边缘智能、数据安全是促使企业选择"端边云网智"融合计算模式的主要动力，其满足了工业互联网、自动驾驶等场景中的带宽成本和实验要求[19]，应用逐步趋于成熟。2021 年 10 月，谷歌发布了与美国电话电报公司、戴尔、英特尔、思科等合作构建全美的分布式融合计算引擎[20]。2021 年 11 月，美国电话电报公司与微软合作开发的 5G 微软 Azure Edge Zones[21,22]上线，提供延迟小于 10ms 的远程数据和图形处理能力，EVA 宣布使用该平台构建远程无人机服务，将无人机的视野范围进一步扩大，提供完善的远程操作能力[23]。2021 年亚马逊云科技峰会上，纳斯达克宣布从 2022 年开始分阶段将北美的多个交易市场迁移至 AWS，使用部署在本地数据中心的 Amazon Outposts 和多租户的 Amazon Local Zone 支撑关键工作负载，以降低本地系统的访问延迟，提升高频交易能力。同年，大众汽车集团基于 AWS 构建了大众工业云，并利用 AWS IoT 服务连接来自 120 多个工厂的所有数据，生产效率得到显著的提升，节约 10 亿欧元的供应链成本[24]。此外，iRobot 也在 2021 年基于云边融合计算模式管理全球超过 3000 万台清洁机器人，实现使用延时和管理效率的完美平衡[25]。

1.4.3　人工智能依托"端边云网智"计算架构实现规模化应用

网络的资源限制与不确定性制约了"端边云网智"融合计算模式下计算任务的低成本卸载[26]。因此，2021 年开发支撑边缘智能的相关软件栈和硬件平台成为行业热点。2021 年 3 月，Azure 推出了 Azure Percept，为用户提供更方便快捷的边缘计算入口，同时提供 Azure Percept 开发工具集，可以在没有编码经验的情况下快速开发、训练和部署人工智能模型[27]。8 月，IBM 发布了面向实时分析和 AI 的 IBM Z 和面向嵌入式 IBM Telum，提供了在边缘设备中加速 AI 计算的能力，加快了边缘生成的海量数据的实时处理能力，并且降低了数据移动成本、提升了安全性[28,29]。同年，AWS 推出了 SageMaker Edge Compiler，可以在边缘设备上实现机器学习，并提供对模型的优化、保护功能，达到降低持续运营成本的目的[30]。

1.5　计 算 芯 片

全球计算芯片行业保持较高发展速度，研发投入大幅提高，产业规模全面扩增，随着智能计算时代的到来，计算芯片将迎来新一轮发展热潮。GPU 技术持续取得突破，DPU 研发成为芯片领域新热点；同时多元算力协同，算力云边端一体化成为智能计算的发展趋势。但全球仍面临诸多严峻问题亟须解决，一是各行业对芯片需求量激增与产能有限之间的矛盾突出；二是晶体管密度在继续保持摩尔定律发展趋势方面，其向上发展出现技术瓶颈；三是新型计算方式芯片发展的不确定性逐渐增大。

1.5.1　行业对芯片需求加剧

随着全球信息化产业的飞速发展和数字化改革的深入推进，计算芯片广泛应用于计算机、移动终端、汽车、家电等各行各业，刺激芯片行业急速膨胀。2021 年全球半导体市场规模达到 5560 亿美元，同比增长 26.2%。为满足全球对芯片的巨大需求，半导体厂商主要采取两方面措施，一是继续加大研发投入以在同行业激烈的竞争中保持技术优势，如台积电 2021 年研发经费达 1250 亿元新台币(约合274 亿人民币)，增速超过 20%。二是加速产能扩充为下游生产提供原动力，如半导体龙头厂商英特尔在 2022 年 3 月表示，将投入逾 800 亿欧元用于在德国、法国、爱尔兰、意大利等欧盟多国新建或扩容包括研发、制造、封装和测试在内的完整芯片产业链。

1.5.2　芯片制造工艺发展实现多点突破

芯片制造中制程、设备、封装、材料等环节取得系统性创新，多点突破共同推动摩尔定律延续。制程方面，2021

年 5 月，IBM 发布全球首个 2 纳米芯片制程工艺，采用三维垂直堆叠纳米片全环栅(GAA)晶体管结构，制造出的 2 纳米芯片每平方毫米可集成 3.33 亿个晶体管，相比 7 纳米芯片计算速度提高 45%。光刻机方面，2020 年，荷兰阿斯麦尔公司出货了首套干式 NXT 系统，得益于该系统上的 TWINSCAN 平台，其每小时能够处理超过 300 片晶圆。近期，阿斯麦尔披露正在研发新一代 EUV 光刻机，采用 High-NA 技术，NA 指标达到了 0.55，分辨率和覆盖能力较其当前的极紫外光刻机提高 70%，预计这款新产品的原型机将在 2023 年上半年完工。封装方面，为了满足芯片高密度集成的要求，突破尺寸瓶颈，三维堆叠技术得到快速发展，在 2021 年 IEEE 国际电子设备会议上，英特尔宣布通过其自研的三维堆叠技术，使芯片互连密度提高了 10 倍、晶体管密度提升了 30%～50%。业界在新材料方面也取得重要进展，为打破传统半导体材料的制约，全球科学家不断探索新的材料，如德国雷根斯堡大学在室温下制造出能在无磁场环境中运行的双层石墨烯自旋进动二维材料自旋场效应晶体管，为石墨烯范德华异质结构研究提供了有价值的理论参考，拓展了二维材料的应用范围，使节能自旋逻辑器件的研发成为可能。在智能计算应用领域，芯片产品取得突飞猛进的进展，为类脑计算、虚拟现实、智能化系统等领域的高集成度、高性能智能芯片发展提供了新的思路，如美国斯坦福大学在"电子复兴计划"支持下，开发出兼具存储与数据处理功能的"存算一体"深度神经网络系统，经测试，执行长短期记忆网络(Long Short-Term Memory，LSTM)任务的运算时间和能耗与理想芯片标准的差距分别缩短至 2.5%和 3.5%以下，与存储分离处理器相比，运行人工智能程序的速度提升 7 倍，能耗则降为 1/7。

1.5.3　X86 和 ARM 在智能计算中仍占据重要地位

主流计算架构竞争日趋激烈，ARM 在智能计算领域正在挑战 X86 传统地位。在 CPU 领域，英特尔于 2021 年 10 月在 Intel Innovation 会议活动上发布了基于英特尔首个性能混合 X86 内核架构的 Alder Lake 系列酷睿处理器，该处理器采用 Intel 7nm 制程工艺，集成能效核心和性能核心，IPC 相比于上一代产品提升了 19%，为推出新一代领先产品奠定了基础[31]。以旗舰产品 i9-12900K 为例，其规格达到了 16 核 24 线程，包含了 8 个性能核心 P-Core 与 8 个能效核心 E-Core，其中 P-Core 的最高睿频可达 5.2GHz，拥有 30MB 的三级缓存。美国超威半导体公司(AMD)在 2021 年 3 月发布了采用 Zen 3 微架构的第三代 AMD EPYC 处理器，相比于 Zen 2 微架构，Zen 3 在 L1 缓存、分支预测以及执行引擎等环节均进行了改进和增强，使其 IPC 性能提升了 19%，成为世界领先的数据中心服务器处理器[32]。ARM 在 2021 年 3 月发布了 ARMv9 架构，并于 5 月发布了基于 ARMv9 架构的 Cortex-X2、Cortex-A710 和 Cortex-A510 处理器，下一代基于 ARMv9 架构的处理器 IPC 将提升 30%以上[33]。此外，ARM 还发布了面向数据中心的 Neoverse N2 平台，N2 内部集成了 64KB 的一级指令缓存与数据缓存、512KB/1MB ECC 二级缓存以及众多接口模块，在微架构设计上针对服务器负载进行了定向优化。相比上一代 N1 平台，Neoverse N2 在保持同水准的功率和面积效率的同时，可提升 IPC 同频性能(约等于单线程性能)40%，其频率也可以提高 10%。SiFive 在 2021 年 6 月发布了基于 RISC-V 指令集、采用 7nm 制造工艺的 P550 处理器，其性能与当代 ARM 和 X86 内核相当[34]。在 FPGA领域，英特尔于 2022 年 3 月推出了 Agilex M 系列 FPGA，其包含了超过 300 万个 LE、超过 300Mb 的片上 RAM 以及高达 40 TFLOPS @INT8 的 DSP，与竞争对手的 7nm FPGA 产品组合相比，每瓦功耗下可实现 2 倍的性能提升[35]，在用于智能计算加速时可有效提升计算芯片的能耗比。2022 年 2 月，AMD 以 350 亿美元收购 FPGA 龙头企业赛灵思(Xilinx)，进入 FPGA 市场，将在高性能和自适应计算领域联合推动 FPGA 的发展[36]，有利于智能计算中不同计算内容的合理划分和高效交互。

1.5.4 通用加速芯片支撑智能计算性能成倍提升

随着智能计算时代的到来，GPU 被广泛用于以深度学习推理与训练为代表的智能计算领域。英伟达在 2020 年 5 月发布了 Ampere 架构，并于 2020 年 11 月发布了基于 Ampere 架构的 A100 80GB GPU[37]，该 GPU 包含 6912 个 CUDA 计算核心，双精度浮点运算相比上一代 V100 的 7.8 TFLOPS 提升至 9.7 TFLOPS，机器学习训练性能可达 V100 的 3.5 倍。2022 年 3 月，英伟达在 GTC2022 上[38]发布了专用于数据中心的 Hopper 架构[39]，在引入 FP8 张量核心以及针对 NLP 任务优化的 Transformer 引擎后，Hopper 架构计算性能实现了相比 Ampere 架构 6 倍的提升[40]。这款 GPU 可以配合新发布的数据中心专属 CPU Grace[41]组成 Grace

Hopper 超级芯片。基于新架构的 NVIDIA H100 Tensor Core GPU[42]，英伟达推出了第四代 DGX 系统——DGX H100 AI 平台。该平台使用 8 块 NVIDIA H100，在 FP8 下的 AI 性能可达 32 PETAFLOPS。此外新的 OVX 产品线——OVX Server 1.0[43]，使用 8 块 Ampere 架构的 A40 GPU，尤其强调其对 Omniverse[44]的支持，体现了英伟达对 3D 实时虚拟协作和数字孪生[45]技术的重视。基于其 GPU 平台，配合其软件和系统栈，英伟达由单一的图形硬件公司和领先的人工智能公司，开始向成为 AI+AR 应用和软件平台公司全面布局。2021 年 9 月，AMD 推出了主要应用于先进高性能计算和人工智能数据中心的 AMD Instinct MI200 系列 GPU，该系列 GPU 采用 AMD CDNA 2 架构和基于 2.5D Elevated Fanout Bridge 技术的多芯片 GPU 设计，搭配 128GB 的 HBM2e 显存，其双精度浮点运算可达 47.9 TFLOPS，是上一代产品 MI100 的 4 倍，能够为高性能计算工作负载提供业内领先的计算性能[46]。2021 年 11 月，上海天数智芯研发的国产 GPU 芯片天垓 100 已正式进入量产环节[47]。

1.5.5　领域定制芯片蓬勃发展

在算力多样化需求的推动下，智能计算芯片定制化成为重要趋势。例如，面向机器学习模型训练和推理需求，谷歌于 2021 年 5 月在 I/O 开发者大会上公开了 TPU v4，单个 TPU v4 芯片算力峰值达到 275 TFLOPS@BF16，是谷歌第三代 TPU 的 2 倍多[48]。面向自动驾驶领域，NVIDIA 于 GTC 2021 上公布了 DRIVE Atlan 芯片，包含 NVIDIA

新一代 GPU 架构、全新 ARM CPU 核以及深度学习和计算机视觉加速器，算力可达到 1000 TOPS@INT8[49]。面向边缘设备的人工智能发展需求，ARM 在 2020 年 10 月发布了 Ethos-U65 NPU，可以集成在 Cortex-A 和 Cortex-M 系统上，算力峰值达到 1TOPS，性能相比前代产品 Ethos-U55 提升了 2 倍[50]。DPU(Data Processing Unit)是以数据为中心构造的专用处理器，被定位为继中央处理器(CPU)和图形处理器(GPU)之后的"第三颗主力芯片"，在高算力需求推动和 NVIDIA 等厂商的开拓下，掀起了 DPU 技术和产品发展的行业热潮。2021 年 4 月，NVIDIA 发布 BlueField-3 DPU，在支持网络处理、安全和存储功能的同时，实现网络虚拟、硬件资源池化等基础设施层服务。与 BlueField-2 DPU 相比，BlueField-3 DPU 不仅支持 400Gbit/s 以太网或 NDR InfiniBand 的网络连接，还可以对软件定义的网络、存储、安全和管理功能进行卸载、加速和隔离，从而提高数据中心的性能、效率和安全性[51]。2021 年 8 月，英特尔推出基础设施处理单元 Mount Evans 芯片，在概念上与 NVIDIA 的 DPU 相近，可以支持云服务提供商和通信服务提供商降低 CPU 的开销并释放性能[52]。2021 年 6 月，Marvell 发布了基于 5nm 工艺的 OCTEON 10 DPU，是业界首款采用 ARM Neoverse N2 内核的 5nm DPU。与前几代 OCTEON 相比，OCTEON 10 DPU 的计算性能提高了 3 倍，功耗下降了 50%[53]。2021 年 10 月，中国科学院计算技术研究所牵头主编的《专用数据处理器(DPU)技术白皮书》发布，重点介绍 DPU 技术发展概况、特征结构、应用场景、软件栈模型、业界产品、DPU 发展展望等内容，为后续 DPU

技术发展提供必要的参考[54]。围绕智能应用，计算芯片定制化可以实现更高的计算效率。

1.5.6　芯粒组装模式成为重要发展趋势

为支持全功能、全场景的智能计算应用，Chiplet(芯粒)组装化设计模式，有望成就下一个生态革命。Chiplet 技术是从系统级出发，将复杂功能进行分解，然后开发出多种具有特定功能、可模块化组装的裸芯片，如实现数据存储、计算、信号处理、数据流管理等功能，并最终基于 Chiplet 构建一个完整的芯片系统。Chiplet 技术是业界为了弥补硅工艺技术增长放缓所做的重要尝试。AMD EPYC 系列服务器 CPU，采用了 Chiplet 封装技术，以第二代 AMD EPYC 为例，IOD(I/O Die)和 CCD(Core-Complex Die)封装在一起，其中，一个 IOD 可以至多与 8 个 CCD 组装，而每个 CCD 中包含 8 个 "Zen 2" CPU 内核[55]。在 Computex 2021 上，AMD 公布了 3D Chiplet 技术，通过将 AMD 创新芯片架构与 3D 堆叠技术相结合，可实现超过 2D 芯片 200 倍的互连密度，带来了巨大的性能提升[56]。英特尔的 Agilex FPGA 系列也采用芯粒模式进行组装，可在系统级封装(SiP)中灵活地集成异构单元，从而满足智能计算中高速高带宽应用需求[57]。2021 年 11 月，寒武纪发布了思元 370 芯片，采用 Chiplet 技术将两颗 AI 计算芯粒封装为一颗 AI 芯片，集成了 390 亿个晶体管，最大算力高达 256 TOPS@INT8，是寒武纪第二代产品思元 270 算力的 2 倍[58]。2022 年 3 月，Apple 发布了 M1 Ultra 芯片，采用了 UltraFusion 封装架构，通过内部互连两枚 M1 Max 晶粒，实现了 4 倍多的传输带宽，并在 20 核 CPU、64 核 GPU 和 32 核 NPU 的引擎下，达到更加优越的性能和能效[59]。同年，英特尔、AMD、ARM、高通、台积电、三星等芯片行业巨头，成立了 Chiplet 标准联盟，推出了通用 Chiplet 的高速互联标准 "Universal Chiplet Interconnect Express，UCIe"，促进了 Chiplet 生态发展[60]。Chiplet 技术，不仅能降低计算芯片的研发周期与设计成本，而且可为其迭代升级和应用提供高灵活性的解决方案。

1.5.7　多源异构数据的处理需求增长迅速

面对全球数据量的倍增，摩尔定律路径仍在艰难延续但已临近物理极限，数据表明当前 CPU 的性能年化增长 (面积归一化之后)仅有 3%左右。新的智能计算应用场景不断涌现，驱动计算技术不断取得新突破，单一计算架构难以有效应对全场景计算挑战，因此涌现出 CPU、GPU、FPGA、ASIC、XPU 等多元计算架构形态，这些多元计算架构为智能计算所面临的多元化、巨量化和生态化的挑战提供了新的应对途径。欧美等国政府均在数据开放、数据中心建设与应用等方面投入大量人力、物力和财力。2020年 10 月，美国国务院发布《关键与新兴技术国家战略》，将先进计算、人工智能、通信与网络等技术作为美国保持全球领导力的关键技术。2020 年 2 月，欧盟委员会发布《欧洲数据战略》，提出在 2021～2027 年期间投资 40 亿～60亿欧元，用来支持欧盟数据空间与云基础设施整合建设工作。NVIDIA 布局数据中心统一架构，通过 CPU、GPU、DPU 之间的协同计算，使整个数据中心成为统一的计算单元。英特尔发布了跨多个体系结构的开发工具，通过简化跨多架构的开发过程(如 CPU、GPU、FPGA),拓展英特尔硬件的工作负载,来最大限度提升性能。2021 年 3 月印发的《中华人民共和国国民经济和社会发展第十四个五年规划和 2035 年远景目标纲要》中明确指出要发展新一代人工智能,促进前沿基础理论突破、专用芯片研发,构建深度学习框架开源算法平台,推动发展以数据中心、智能计算中心为代表的算力基础设施的建设和布局。2021 年 5 月,我国《全国一体化大数据中心协同创新体系算力枢纽实施方案》发布,旨在构建全国一体化新型算力网络体系。2021 年 12 月,上海市印发的《上海市新一代信息基础设施发展"十四五"规划》提出,到 2025 年形成云-边协同的算力设施架构,实现随需的算力资源供给,建成全球领先的算力中心集群,打造国内算力协同效率最高、算力供给最充沛的城市之一①。

1.5.8　新型芯片产业化应用有待提升

芯片技术演进主要受到传统制程瓶颈和前沿突破不确定性两方面的制约。其一,传统制程方面,晶体管栅极尺寸不断缩小,有研究表明也许已经到达现有材料的优化极限,而且在产业化实现以前仍面临安全性、鲁棒性和耐久性等不可回避的问题,兼之研发资金投入大、研发周期长导致的经济回报慢等问题,新材料、新结构的探索和新的集成电路布局成为传统制程方面的核心技术挑战。其二,前沿突破方面,量子计算是最有希望替代传统计算的解决

①刘玉书."东数西算"将为数字中国建设带来三大动能. http://cn.chinagate.cn/news/2022-02/23/content_78066059.htm[2022-06-25].

方案，但现有的量子计算机在计算正确率方面有待提高，由量子计算原理所决定的噪声敏感等特点导致其实际应用场景十分有限，而对应的解决方案，如设计量子纠错码、提升量子操作和量子测量保真度、提出更有效的量子芯片校准方法、设计抗噪声量子算法等仍需要较大投入，智能计算芯片的发展也面临可解释性差、模型复杂、能耗大等不确定因素困扰，2022 年对该类新兴芯片技术的研发及有效实现新型芯片的规模化、产业化发展仍是芯片技术重要的演进方向。

1.6 智算中心操作系统

云计算、人工智能、物联网等技术在各自领域不断深化发展，传统数据中心的局限性逐步显现，数据中心向智算中心的升级换代势在必行。操作系统作为智算中心的架构基础，是转型升级的重中之重，领域内的头部厂商对此纷纷投入力量展开布局。随着操作系统技术的迭代更新和相关产业生态的逐步完善，未来智算中心操作系统将向平台化、网络化、智能化、服务化方向发展。

1.6.1 智算中心操作系统是云操作系统迭代升级的产物

云操作系统诞生于"业务上云"的需要，在此基础上，智算中心操作系统则诞生于日益增加的智能计算需求，面向的是未来"数据整合、应用创新"的发展趋势。智算中心操作系统面临的挑战有：计算、新型存储和网络资源管控不足；云(Cloud)、数(Big Data)、智(Artificial Intelligence) 的基础设施无法有效融合；经验规则依赖度高；人工智能系统软件支撑体系薄弱等。为了克服上述挑战，智算中心操作系统从底层和上层两方面入手，底层直接作用于智算中心复杂多元异构硬件设备之上，通过软件定义，将底层基础设施进行融合池化并开放 API，以可编程的方式实现灵活可定制的弹性管理调度，实现跨域智算中心之间的互联互通互操作，从而构建开放标准的资源服务平台；上层则通过融合大数据、人工智能等基础系统软件，构建统一的服务平台，对外提供标准化的算力服务、数据服务和算法服务，辅以智能化的运营运维手段，支撑各种智算应用的稳定高效运行。图 1.3 给出了智算中心操作系统的总体架构。

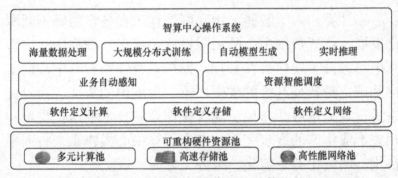

图 1.3　智算中心操作系统总体架构

　　智算中心操作系统作为融合云计算、大数据和人工智能软件核心技术的最新成果，正在加速向平台化、网络化、智能化、服务化方向发展。这一趋势将显著推动新型基础设施的建设，满足政府、金融、通信等行业业务上云、用数、赋智的需求，加快经济社会数字化转型并催生全新的产业与生态。

1.6.2　头部厂商纷纷布局并推动智算中心操作系统发展

智算中心操作系统作为智算中心的基础软件，可谓智算中心的"神经中枢"，头部 IT 厂商在此领域持续加大投入。早在 2014 年，亚马逊 AWS 便推出了全球首个无服务器计算(Serveless)服务 Lambda，这是一种无服务器事件驱动型计算服务，可以无须预置或管理服务器而运行几乎任何类型的应用程序或后端服务代码；随后推出的基于 DPU 的高性能云主机 Nitro，支持新型异构存储、网络、控制的全卸载，可以灵活适应跨云、跨数据中心以及近端和远端工作负载的多样性。微软推出的基于英伟达 A100 GPU 的高性能云主机，通过 Azure 智能计算平台，以 1.6Tbit/s 的高速互联网络，为客户提供标准化的高性能 AI 计算服务。OpenAI 在自然语言处理领域突破性的 GPT-3 模型，正是基于 Azure 的 AI 计算服务训练而成。Gartner 在《2021 年云 AI 开发者服务魔力象限》报告中指出，行业巨头谷歌被评为云计算领域领导者，其发布的语言、视觉、对话和结构化数据产品如 AutoML 均处于行业领先地位。同样在 2021 年，谷歌发布了第四代 AI 计算芯片 TPU (Tensor Processing Unit)，算力相比上一代提升了一倍。谷歌表示会尽快将其部署到云平台，开放给 Google Cloud 客户使用。主营虚拟机和云服务的科技公司 VMware 也于 2020 年发布了 Monterey 项目，该项目基于 DPU 将网络和存储 I/O 功能卸载到 SmartNIC CPU 上，并扩展了对裸金属服务的支持。在云原生服务方面，VMware Tanzu 支持在同一企业级平台上开发云原生应用，并保持现有业务系统不受影响，同时利用集群生命周期管理跨数据中心、公有云和边缘环境的 Kubernetes 集群。

与此同时，头部厂商也在尝试将智算操作系统扩展到云边端中的"端"侧。谷歌在 2016 年就开始基于微内核 Zircon 研发 Fuchsia OS，该系统能够运行在各种终端设备上，其目标是使用单一操作系统统一整个物联网生态圈。与之类似的还有 VMware 发布的 vRealize Operations 平台可提供从应用到基础架构的自动化 IT 运维管理，支持性能优化、高效容量管理、主动规划、智能修复等特性。

国内厂商方面，阿里在其自研的神龙服务器架构中提出一种创新的高密度多租户共享弹性裸金属服务器设计，每个裸金属实例都运行在一个具有专用 CPU 和内存模块的计算子板上，支持在单物理服务器中托管 16 个裸金属实例，提升裸金属服务器的实例密度，也提升了安全性和隔离性。相关技术成果入选 ASPLOS 2020[61]。

1.7　智能计算平台

1.7.1　智能计算与高性能计算平台结合与发展

随着智能计算对算力需求快速增加，越来越多的应用场景需要基础平台提供算力支撑。而在传统高性能计算领域，通常使用超级计算机构建计算平台，提供当前人类社会最强大的算力支持，解决社会发展过程中科学、技术和经济领域中的复杂问题。与现有高性能计算平台结合，充分利用超级计算机强大计算能力和快速发展趋势，成为智能计算平台建设主要方向之一。

在高性能计算领域，通过芯片升级和体系架构变革等手段，经过几十年发展，计算能力基本呈现"十年千倍"的速度提升。当前超级计算机发展已经进入 E 级计算(Exascale，10^{18}FLPOS，百亿亿次)阶段，并成为当前各国的主要角逐领域。在国际上，美国、日本、欧盟在 E 级超级计算机研制上长期保持较高投入，在计算平台峰值算力和计算能效上具有绝对领先优势。

2015 年，美国发布了国家战略计算计划(NSCI)，明确提出要保持美国在计算方面的长期领先优势，加速发展 E 级计算平台的开发和应用，并指定政府部门和合作单位，加快 E 级计算机的研制。其研制计划由美国能源部主导，当前正在实施的 ECP 计划投资 18 亿美元，将研制 3 台持续性能达到 E 级的计算机，在 2022～2023 年计划全面完成应用软件在新系统上的开发和移植并投入运行。值得注意的是，美国的 E 级机的指标明显高于我国重点研发专项的指标，要求达到 E 级持续性能而不是 E 级峰值性能。因此，研制出的系统的峰值速度将大大超过百亿亿次。目前美国的 E 级机研制团队主要有：IBM+NVIDIA、Cray 和 AMD。其中 IBM+NVIDIA 团队已经成功研制并部署了两台 E 级先导系统 Summit 和 Sierra，2022 年 5 月分别排名世界第 4、第 5 位，其采用的技术路线是 IBM POWER 处理器+NVIDIA GPU 的节点内异构体系结构；另一支 E 级机研制团队 Cray 由于多种原因研制进度略有滞后，原计划于 2021 年推出的 E 级机 A21 已推迟至 2022 年发布，预计该系统将基于英特尔处理器/加速器实现；美国橡树岭国家实验室研制的 Frontier 于 2022 年 5 月发布，持续计算性能达到 1.102 EXAFLOPS，理论峰值性能达到 1.686

EXAFLOPS；AMD 也将基于其处理器核加速器研制 E 级计算机。

2020 年日本推出的"富岳"(Fugaku)，采用 ARM 架构处理器 A64FX，每个处理器拥有 48 个计算核、2 个辅助 I/O 核以及向量部件 SVE，双精度浮点性能超过 3.0TFLOPS；系统共包含 15 万个计算节点，每节点 1 个处理器；采用 HBM2 内存，具有极高的访存带宽。其 HPL 性能达 422 PFLOPS，HPL-AI 性能达 2.0 EFLOPS，取得了"应用性能达到 E 级"的突破。

欧盟已计划投入 52 亿欧元，在 2022 年和 2023 年左右部署至少两台 E 级计算设施。为了提高高性能计算领域的自主研发能力，法国、德国、意大利等 7 个欧盟国家于 2017 年签署协议，宣布了 E 级机自主研制计划，将采用自主处理器自行研制 E 级机，预计由 Atos 公司实施，计划于 2022 年部署，2023 年投入使用。

在能效方面，在 Green500 的前 10 名中，美国占有 3 席，芬兰、法国、日本、韩国、英国、波兰、澳大利亚各 1 席。值得一提的是，美国 HPE 制造的 Frontier 超级计算机在 TOP500 排名第 1，在 Green500 也高居第 1，显示了美国在超级计算能效控制方面的领先地位。TOP500 排名第 2 的富岳，在 Green500 排名第 33，我国的神威太湖之光在 Green500 排名第 60，天河二号在 Green500 排名第 123。与国际前列的超算研发国家相比，我国在顶级超算的能效方面，仍有较大差距。

1.7.2　智能计算系统发展应用面临多方挑战

人工智能大模型是国际 AI 领域公认的重大研究方向，由此衍生的技术变革对计算力的需求呈指数级上升，同时对异构计算单元的协同处理能力也提出了新的要求，未来新一代数据中心的计算架构将迎来重大机遇。我国在各类异构计算芯片不断取得突破，但在大规模多元异构计算、资源池化、高效融合等方面也面临着诸多问题。5G 通信、边缘计算、多云技术、物联网、工业互联网、自动驾驶以及 AI 等对智能终端有着高性能、低成本、低功耗的诉求，设备的固有算力在新兴技术产业的发展中受到极大的约束。云-边-端跨域算力协同是解决此问题的有效途径，这需要统筹端侧设备、边缘数据中心及云端的计算资源，进行资源的合理分配，确保性能、成本达到最优。

随着智能计算系统的规模持续增大，体系结构日益复杂，超级计算机面临着功耗、可靠性、可编程性、造价等方面的挑战在一定程度上制约了其发展速度，使得超级计算机的性能增速逐年趋缓。依照目前各国的 E 级机研制计划，按照每十年近千倍的增长速度预测，超级计算机的计算性能将在 2025～2026 年("十四五"末期)达到 10EFLOPS，在 2030～2031 年("十五五"末期)达到 100EFLOPS，预计首台 Z 级计算机(Zetta-scale，10^{21}FLPOS，十万亿亿次)将在 2035 年之后出现。目前，可以接受的单台超级计算机功耗上限在 50～100MW。按功耗上限 100MW 推算，Z 级计算机的性能功耗比将达到 10TFLOPS/W，相比目前 10～20GFLOPS/W 的水平，至少需要增长 500～1000 倍，性能功耗比的提升仍需依赖于体系结构、器件和工艺方面的突破。

表 1.1 列出了 2022 年 5 月发布的 TOP500 排名前十超级计算机的概况。从表中数据可以看出，前十台机器中仅有一台采用通用 CPU 结构，即排名第一的"富岳"(采用 48 核 ARM 架构处理器)，其他机器均为异构，这说明异构体系结构已成为高性能计算机的主流结构。在异构型机器中，CPU+加速器结构占据多数，且 GPU 占据统治地位，在排名前十的 9 台异构型机器中，除中国的神威·太湖之光和天河 2 号采用自主处理器/加速器外，全部采用 NVIDIA GPU 作为加速器。甚至于，TOP500 中有 355 套系统采用 NVIDIA GPU 作为加速器。

表 1.1　TOP500 排名前十超级计算机概况(2022 年 5 月数据)

排名	地点	系统/制造商	处理器加速器	核数	Linpack 性能 /PFLOPS	峰值性能 /PFLOPS	功耗 /MW
1	美国	Frontier /HPE	AMD EPYC 64C AMD Instinct MI250X	8730112	1102	1685	21.1
2	日本	Fugaku /Fujitsu	A64FX 48C 无	7630848	442	537	29.9
3	芬兰	LUMI /HPE	AMD EPYC 64C AMD Instinct MI250X	1110144	152	214	2.9
4	美国	Summit /IBM	IBM POWER9 NVIDIA GV100	2414592	149	201	10.1
5	美国	Sierra /IBM 等	IBM POWER9 NVIDIA GV100	1572480	94	125	7.4

续表

排名	地点	系统/ 制造商	处理器 加速器	核数	Linpack 性能 /PFLOPS	峰值性能 /PFLOPS	功耗 /MW
6	中国	神威·太 湖之光 /NRCPC	申威 SW26010 异构众核节 点	10649600	93	125	15.4
7	美国	Perlmut ter /HPE	AMD 64C NVIDIA A100	761856	71	94	2.6
8	美国	Selene /Nvidia	AMD 64C NVIDIA A100	555520	63	79	2.6
9	中国	天河 2A /NUDT	Intel Xeon 12C Matrix-2000	4981760	61	100	18.5
10	法国	Adastra /HPE	AMD EPYC 64C AMD Instinct MI250X	319072	46	62	0.92

从各国 TOP500 的超级计算机的体系结构划分可以看出，MPP 体系结构相比 Cluster 体系结构的超级计算机系统，在能效比、持续运算能力和软硬件技术含量等方面具有较大优势。日本富岳是典型的单型号处理器 MPP 架构，保持 HPL 性能纪录长达两年。中国 MPP 超算的比例远少于美国和日本，应加大体系结构、处理器、互连网络、基础软件等软硬件核心技术突破的科研力度。从 CPU 的角度来看，系统的商用处理器包括 AMD 霄龙处理器、英特尔至强处理器、IBM 的 POWER 处理器以及不同版本的 ARM 处理器，协处理器主要有 NVIDIA、AMD 和 Xeon Phi family。同时也有 HPC 研制机构在研究定制设计的芯片，例如，太湖之光系统中使用的申威处理器，天河 2A 中使用的 Matrix-2000 飞腾处理器，以及中科曙光众核定制处理器等。在美国制裁我国高新技术企业的大背景下，使用国外处理器及核心部件会严重受制于人，不利于自主核心技术的研发，因此我国在芯片领域要坚定不移地走自主研发的道路。

第2章 我国发展现状

近年来，我国智能计算在芯片、计算规模、计算架构、计算形态、云边部署、操作系统等领域实现多线发展。其中，多款芯片量产加速自主替代进程，以"东数西算"为代表的新基建工程实现算力数据跨区域协同调度，云边协同成为业界共识，操作系统等软件生态快速发展，如图2.1所示。

图 2.1 我国发展现状

2.1 国产计算芯片

2.1.1 我国电子信息产业规模增长迅速

随着我国社会从信息化转向智能化，智能计算正在逐渐应用于生活的方方面面，对计算芯片的需求日益增加。据中国半导体行业协会统计，2020年中国集成电路产业销售额为8848亿元，2021年为10458.3亿元，首次突破万亿规模。2021年中国集成电路产品进出口都保持较高增速，根据海关统计，2021年中国进口集成电路6354.8亿块，同比增长16.9%；进口金额4325.5亿美元，同比增长23.6%。

2021 年中国集成电路出口总量达 3107 亿块，同比增长 19.6%，出口金额达 1537.9 亿美元，同比增长 32%[62,63]。良好的行业需求和广阔的芯片市场，推动我国计算芯片技术不断突破，芯片自主化研发与生产取得了有效进展。

2.1.2 国产 CPU 芯片自主化生态体系加速构建

龙芯中科自主指令系统架构通过国内第三方知名知识产权评估机构的评估，并于 2021 年正式对外发布。龙芯架构从顶层规划与功能定义，到每条指令的编码、名称、含义，都在架构层级上进行了重新设计[64]。同时，LoongArch 指令系统获得了众多平台的支持，在 LLVM 编译器社区成为了与 X86、ARM 等指令系统并列的指令系统。龙蜥开源社区推出的 LoongArch 正式版 Anolis OS 操作系统，通过龙芯二进制翻译系统，可以在龙芯平台上流畅地运行常用桌面应用。基于此指令集，龙芯中科推出了新一代 3A5000/3C5000L 芯片，内置国密算法和可信模块，实现了自主与安全的深度融合[65]。2021 年 7 月，飞腾发布新一代面向服务器场景的高性能处理器——腾云 S2500。该款处理器采用 16nm 工艺，内嵌 64 个 FTC663 核心，8 路直连可达 512 核，片内集成 64MB 三级 Cache，主频可达 2.2GHz，具备高可靠、多路互连、安全增强等特性。2021 年 10 月，阿里平头哥发布旗下首颗 ARM 服务器处理器芯片——倚天 710。该处理器采用 5nm 工艺，单芯片容纳了高达 600 亿个晶体管，采用最新的 ARMv9 架构，内含 128 核，主频最高达到 3.2GHz，具备高性能、高能效、高带宽等特点，其性能处于行业领先地位[66]。2021 年 6 月，中国科学院计算技术研究所公布了国产开源高性能 RISC-V 处理器——香山。第一代香山核心架构——"雁栖湖"采用乱序执行、11 级流水线、6 发射，基于台积电 28nm 工艺，目前已经完成流片[67]。2021 年 10 月，平头哥在云栖大会发布开源玄铁 E902、E906、C906、C910 等 4 款量产 RISC-V 处理器，并开放系列工具及系统软件[68]。2021 年 12 月，首届"滴水湖中国 RISC-V 产业论坛"召开，10 款 RISC-V 国产芯片集中发布。其中博流智能、爱普特、晶视智能、凌思微等公司新发布的 4 款芯片，皆基于阿里平头哥的玄铁 RISC-V 系列处理器设计研发，覆盖高性能、低功耗等不同需求[69]，上述国产 CPU 芯片的发展和应用对于智能计算基础设施的自主化和安全化具有重要意义。

2.1.3　国产 GPU 芯片研发迎来热潮

GPU 芯片在智能计算领域有着非常广阔的市场空间。然而，GPU 市场长久以来一直被英伟达、AMD 等国外公司垄断。2021 年，天数智芯、摩尔线程、芯动科技、景嘉微、壁仞科技、沐曦、登临科技等多家国内企业进军 GPU 市场，部分产品已经进入量产状态。2021 年 3 月，天数智芯正式发布基于通用 GPU 架构的 GPGPU 云端高端训练芯片——"天垓 100"。该芯片采用 7nm 工艺及 2.5D CoWoS 封装技术，容纳 240 亿个晶体管，支持 FP32、FP/BF16、INT32/16/8 等多精度数据混合训练，单芯每秒可进行 147 万亿次 FP16 计算[70]。2021 年 7 月，登临科技 Goldwasser GPU+产品送样。该产品在现有市场主流的 GPU 架构上，创新地采用软硬件协同的异构设计，在 AI 计算上相比传统

GPU 的能效具有明显提升[71]。2021 年 11 月，摩尔线程成功研制出全功能 GPU 芯片。该芯片内置自主研发的 3D 图形计算、AI 训练与推理计算、高性能并行计算、超高清视频编解码计算等核心，并且已经开始适配主流国产 CPU 和操作系统[72]。2022 年 3 月，摩尔线程[73]在春季发布会上发布了自研的 MUSA 系统架构，苏堤 GPU 芯片和基于苏堤芯片的两个显卡产品——S60 和 S2000[74]。MTT S60[75]显卡，采用 12nm 工艺，包含 2048 个 MUSA 核心，单精度浮点运算速度高达 6TFLOPS，像素填充率 192G Pixel/s，显存 8GB，支持 4K/8K 高清显示。MTT S2000[76]采用 12nm工艺，包含 4096 个 MUSA 核心，显存 32GB，单精度算力最高可达到 12TFLOPS，支持 H.264、H.265、AVI 等主流视频压缩编码标准，支持 PyTorch、Tensorflow、PaddlePaddle等主流深度学习框架。2021 年 11 月，芯动科技正式发布"风华 1 号"GPU，填补了国产 4K 级桌面显卡和服务器级显卡两大空白，为国产新基建 5G 数据中心、信创桌面、元宇宙、云游戏、云桌面、图形工作站等千亿级产业提供硬件支撑[77]。2021 年 11 月，景嘉微完成了 JM9 系列图形处理芯片流片、封装阶段工作及初步测试工作。经过测试，JM9系列图形处理芯片产品满足地理信息系统、媒体处理、CAD辅助设计、游戏、虚拟化等高性能显示需求和人工智能计算需求[78]。2021 年 10 月，壁仞科技首款通用 GPU——BR100正式交付流片。该芯片采用 7nm 工艺，具有高算力、高通用性、高能效三大优势，主要聚焦于人工智能训练和推理、通用运算等众多计算应用场景，将广泛应用于包括智慧城市、公有云、大数据分析、自动驾驶、医疗健康、生命科学、云游戏等领域[80]。

2.1.4　国产 FPGA 公司加快研发进度

紫光同创、国微电子、高云半导体、复旦微、安路科技、京微齐力等主流国产 FPGA 公司的研发产品以中低密度产品为主，中高密度 FPGA 研发技术与世界先进水平仍存在差距。紫光同创的 Titan 系列产品作为第一款国产化千万门级高性能 FPGA，其最高频率可达 500MHz，其产品具备 174K 等效 LUT4 单元，5.0Gbit/s SerDes 接口，800Mbit/s DDR3 和 LVDS，PCIe Gen2x4 等配置，适用于通信网络、信息安全、数据中心、工业控制等领域；2020 年 3 月，紫光同创发布千万门级 FPGA Logos-2[①]，其工艺采用 28nm CMOS 制程，同时集成 RAM、DSP、ADC、SerDes、DDR3 等丰富的片上资源和 I/O 接口，使得产品具备低功耗、低成本的特性和丰富的功能。复旦微在国内成功研制了亿门级 FPGA 芯片，目前产品也已经实现了量产销售，同时在积极开发新一代基于 14/16nm 工艺制程的 10 亿门级产品，除此之外，复旦微推出的自主研发的完整可编程器件开发流程工具软件 Procise 也是国内 FPGA 领域的超大规模全流程 EDA 设计工具。2021 年，易灵思针对摄像头和传感器领域，公布了基于 16nm 工艺制程的 Trion Titanium FPGA，用来促进国产 FPGA 低成本替代的实现[①]。

---

① 中星微"星光摩尔一号"在 2021 中关村论坛首发. http://paper. chinahightech.com/pc/content/202110/04/content_44448.html[2022-06-20].

2.1.5　国产 AI 芯片研发能力显著提升

　　随着智能计算市场的不断增长,国内 AI 芯片企业如雨后春笋般涌现,极大地促进了我国 AI 芯片产业高速发展。从功能上进行区分,AI 芯片可以分为训练 AI 芯片、推理 AI 芯片[81]。

　　在训练 AI 芯片领域,燧原科技于 2021 年 7 月发布国内第二代人工智能训练芯片"邃思 2.0",以及基于"邃思 2.0"的"云燧 T20"训练加速卡和"云燧 T21"训练 OAM 模组[82]。产品"邃思 2.0"尺寸为 57.5mm × 57.5mm(面积为 3306mm²),达到了日月光 2.5D 封装的极限,并且与上代产品一样采用格罗方德 12nm 的 FinFET 制作工艺,其产品的内部共整合 9 颗芯片,单精度 FP32 算力为 40 TFLOPS,单精度张量 TF32 算力为 160 TFLOPS,整数精度 INT8 算力为 320 TOPS[83]。2021 年 8 月,百度宣布第 2 代自研 AI 芯片——昆仑芯 2 实现量产。该芯片采用全球领先的 7nm 制程工艺,同时搭载百度自研的第二代 XPU 架构,其第 2 代产品相比第 1 代性能提升 2~3 倍。其整数精度(INT8)算力达到 256 TOPS,半精度(FP16)为 128 TFLOPS,但最大功耗仅为 120W,昆仑芯采用显存的通用 AI 芯片,因此在设计上高度集成了 ARM CPU 算力,并支持高速互联、安全和虚拟化等功能,拥有软硬一体的全栈国产 AI 能力[84]。思元 370 是公开发布支持 LPDDR5 内存的国产云端 AI 芯片,产品的内存带宽是上一代产品的 3 倍,且访存能效达 GDDR6 的 1.5 倍[85]。

　　在推理 AI 芯片方面,瀚博半导体于 2021 年 7 月发布了云端通用 AI 推理芯片 SV100 系列,其产品单芯片 INT8

峰值算力超 200 TOPS, 在深度学习推理性能指标上数倍优于现有主流数据中心 GPU, 因此可实现深度学习应用超高性能、超低延时的推理性能。SV100 系列芯片支持 FP16、BF16 和 INT8 等数据格式, 并可以实现众多主流神经网络的快速部署及计算机视觉、视频处理、自然语言处理和搜索推荐等多样化推理应用场景的适配[86]。鲲云科技于 2020 年 6 月发布数据流 AI 芯片 CAISA, 其产品通过控制数据的流动次序来管理计算执行次序, 因此大大提升了芯片的利用效率, 数据表明其最高可实现 95.4%的芯片利用率, 较同类产品提升 11.6 倍。2021 年 6 月, 鲲云科技成功入选世界人工智能大会的最高奖项——卓越人工智能引领者 TOP30[87]。嘉楠科技于 2021 年 7 月正式发布 AI 芯片勘智 K510。该芯片定位于中高端边缘推理市场, 采用了嘉楠自主研发的 IP 核架构 KPU2.0, 同时结合 3D PE 阵列与 GLB 片上存储设计, 以及独创的计算数据流复用技术, 性能上将算力提升至原先的 3 倍。在硬件配置方面, K510 集成新一代图像处理单元, 可支持 3D ISP 和 TOF 深度摄像头, 适用于高清视频会议、高清航拍、工业视觉、智能家居和机器人等多个场景[88]。腾讯公司在 2021 年 11 月的腾讯数字生态大会上宣布 AI 推理芯片紫霄已经流片成功并顺利点亮。紫霄 AI 推理芯片最显著的特点是结合图片和视频处理、自然语言处理、搜索推荐等场景, 通过采用 2.5D 封装技术合封 HBM2e 内存与 AI 核心, 以及通过在芯片内部增加计算机视觉 CV 加速器和视频编解码加速器等创新措施, 对芯片架构进行了优化, 从特性上打破了制约芯片算力发挥的瓶颈点, 性能相比业界主流芯片提升 100%[89]。

2.1.6　国产领域专用芯片加速国产化替代

　　AI 商业化应用落地的同时，不同算力场景下国产专用芯片也相继面世。面向图像处理领域，海思在 2021 年 12 月发布了越影 AI ISP 芯片，其产品引入 AI 的新一代图像处理引擎(ISP)，实现画质技术与 AI 技术的深度融合[90]。OPPO 在 2021 年 12 月发布首颗 6nm 自研 NPU 芯片马里亚纳 MariSiliconX，该芯片集成了自研的 MariNeuro AI 计算单元，能够提供高达 18TOPS 的有效算力。富瀚微在 2021 年 8 月发布 FH8658 芯片，这是一款面向 5M 专业型网络摄像机应用的高性能 H.265/H.264/JPEG SoC 芯片[91]，其产品集成了高性能的 ISP 图像处理模块和最新的 Smart H.265 视频压缩编码器，以及神经网络加速器，在产品特性上具备优异的图像处理能力、较高的编码质量和极低的编码码率等特点，同时支持外接 DDR 存储器，拥有完备的应用所需外设接口，包括 USB、SDIO 和 Ethernet 等，可适用于多种网络摄像机产品①。面向人工智能机器视觉领域，中星微于 2021 年 9 月发布了人工智能机器视觉芯片——"星光摩尔一号"，其产品具备 800 万像素的图像处理、视频编解码、安全加解密和异构智能计算等特点，且其视频编解码提供国标 SVAC2.0 与 H.265 两种格式的自由切换和转码，同时支持国标 35114 的 A、B、C 三种安全级别，提供 4TOPS 的深度学习峰值算力并支持多模融合智能计算框架，可广泛应用于各类机器视觉边缘计算[92]。面向自动驾驶领域，

---

①第一财经. 解构 OPPO 自研芯片马里亚纳 X：走入 6nm "深水区".
https://baijiahao.baidu.com/s?id=1719116600136334350[2022-07-07].

地平线于 2021 年 7 月发布面向全场景整车智能的中央计算芯片地平线征程 5 芯片，该芯片是继征程 2 和征程 3 中国车规级 AI 芯片量产先河之后的第三代车规级产品。其产品兼具大算力和高性能，单颗芯片 AI 算力达 128 TOPS，同时支持 16 路摄像头感知计算，能够做到毫秒必争的高效协同，且能够支持自动驾驶所需要的多传感器融合、预测和规划控制等需求，该芯片的发布标志着地平线成为业界唯一能够提供覆盖从 L2 到 L4 全场景整车智能芯片方案的提供商[93]。黑芝麻智能于 2021 年 4 月发布了华山二号 A1000 Pro，该芯片基于黑芝麻智能两大自研核心 IP——车规级图像处理器 NeuralIQ ISP 以及 DynamAI NN 车规级低功耗神经网络加速引擎，采用 DynamAI NN 大算力架构，支持 INT8 稀疏加速，INT8 算力达 106 TOPS，INT4 算力达 196 TOPS，能够支持高级别自动驾驶功能，可完成从泊车、城市内部到高速场景的无缝衔接[94]。面向网络安全领域，天津市滨海新区信息技术创新中心在 2021 年 12 月对外发布了我国自主研制的内生安全交换芯片"玄武芯"ESW5610，其产品基于邬江兴院士原创的网络空间拟态防御理论进行设计，产品的吞吐能力达到 128Gbit/s，且同时支持 48GE、8×10GE、10×10GE 等多种接口模式，具有可抵御利用未知漏洞和后门攻击的高安全能力[95]。相较通用芯片，国产专用芯片能更好地满足人工智能的应用需求，而且打破计算芯片的技术壁垒，直接推动智能计算市场高速增长。

2.1.7 国产存算一体芯片突破瓶颈

随着智能计算应用的普及，计算需求也在相应上升，算力是实现智能计算的关键资源。在传统冯·诺依曼架构下，计算模块和存储模块分离，两者间通过数据总线进行数据传输，因此带来了"功耗墙"和"存储墙"两大问题，限制了算力的发展。存算一体芯片将数据存储单元和计算单元融合为一体，大幅减少数据搬运的工作，从而极大地提高计算并行度和降低能耗，可以解决"功耗墙"和"存储墙"问题。2022 年 3 月，知存科技基于存内计算技术推出存算一体的 SoC 芯片 WTM2101，其产品可使用 sub-mW 级功耗来完成大规模深度学习运算，该芯片基于存算一体技术，实现 NN VAD 和上百条语音命令词识别，并以超低功耗实现 NN 环境降噪算法、健康监测与分析算法，在典型应用场景下，该芯片的工作功耗均在微瓦级别[96]。2021 年 9 月，九天睿芯设计出超高能效比、基于 SRAM 的感存算一体架构芯片 ADA20X，可广泛应用于视觉领域，并于 2021 年成功流片，ADA20X 芯片打破了"内存墙"的系统限制，且可同时支持 CNN、Transformer 及以 SNN 为代表的类神经元计算架构。相比于传统数字 AI 视觉芯片数据搬运功耗大的特点，ADA20X 芯片在超低功耗上具备数量级级别优势，约为传统数字芯片功耗的 1/10，可实现更高的能效比。芯片 ADA20X 兼顾超高能效比和超低功耗的特性，具有 20 TOPS/W 的超高能效比，算力覆盖范围在 0.3～200 TOPS，而最低功耗仅低至微瓦级别，且该芯片具有高度可定制性，在算力和接口方面满足不同专用芯片的需求[97]。2021 年 12 月，阿里巴巴旗下达摩院计算技术实验室成功研发了基于 DRAM 的 3D 堆叠存算一体 AI 芯片，该芯片将计算芯片和存储芯片"面对面"地用特定金属材质和工艺进行互连，使数据存储单元和计算单元融合，可以大幅减少数据搬运的工作。在特定 AI 场景中，该芯片性能的提升在 10 倍以上，能效比提升则高达 300 倍，可有效满足智能计算场景对高带宽、高容量内存和极致算力的需求[98]。

2.2　操作系统与基础软件

2.2.1　我国 AI 基础模型发展迅速

2021 年 8 月，在李飞飞与其他 100 多位学者联名发表的研究报告中，将大规模 AI 预训练模型统一命名为基础模型，同时指出 AI 模型在经历"以算法探索原因""以结构获取特征"阶段后，正逐步走向"以模型构建能力"的阶段。AI 基础模型参数量庞大，需要经过智算中心级大规模算力与 TB 级数据驱动模型的训练过程；同时，基础模型具备极强的领域性能与泛化能力，且可以通过知识蒸馏、迁移学习、小样本学习等方式，从而快速孵化适用于具体业务场景的领域专用业务模型，展现出极大的应用价值与行业价值。2021 年 4 月，华为发布盘古大模型，参数量达到 2000 亿。2021 年 6 月，智源发布采用混合专家(MoE)技术构建的"悟道 2.0"模型，参数量达到 1.75 万亿。2021 年 7 月，中国科学院自动化研究所发布"紫东太初"大模型，模型参数量达到千亿。2021 年 9 月，浪潮发布"源 1.0"大模型，参数量达到 2457 亿。2021 年 10 月，阿里巴巴发布了采用 MoE 技术构建的大模型 M6-10T，参数量达到 10 万亿。2021 年 12 月，百度发布 Ernie 3.0 Titan 大模型，参数量达到 2600 亿。这些大模型以自然语言处理技术为主，在各类自然语言处理任务上均表现了出色的性能，并应用到了数字人、智能助手、智能写作、智能推荐等领域。

2.2.2　操作系统迎来新一轮繁荣期

Red Hat 在 2021 年底结束对 CentOS 8 的维护支持，该行为给全球操作系统的使用和智能计算的发展带来不利影响，致使全球使用 CentOS 操作系统的用户开始寻求其他适配的操作系统进行替代。如何解决用户在 CentOS 停更后可能面临的风险和问题，成为操作系统厂商和研发人员努力的方向。为应对 CentOS 操作系统停止维护后带来的挑战，我国通过在开源操作系统社区汇集上下游开发者和生态伙伴的力量，积极构建国产智能计算生态。通过解决虚拟化、云原生、边缘计算等应用场景的系统优化问题，推动国产操作系统发展，统信、麒麟、方德、红旗等国内操作系统厂商分别基于国内开源操作系统发布了商业版本。在国家大力支持及开源社区的推动下，我国操作系统技术水平不断提升，实现了与更多应用场景的适配，从而缩小了与国际主流操作系统的技术差距。其中阿里云发布的龙蜥操作系统针对云基础设施进行了深度优化，腾讯 TLinux 也通过自研资源调度算法优化云原生隔离效果，从而提升整机的资源弹性。在新兴的泛在操作系统方面，2021 年北京大学面向工业物联场景发布了 XiUOS(图 2.2)，可以管理不同应用场景下的泛在异构资源(物联网嵌入式设备、移动设备)，实现云边端融合的智能计算。

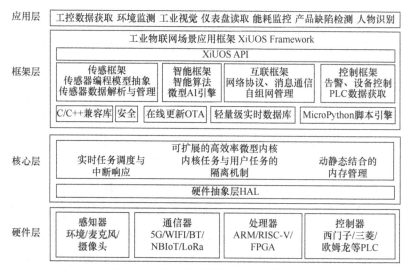

图 2.2 面向工业物联场景的泛在操作系统 XiUOS

2.2.3 国产软硬件多样化的智能计算生态加速成型

国内开源生态的发展与国外相比增速明显，目前已形成了软硬件捆绑的多样化生态格局。

第一，我国开源发展得到国家政策支持，国内开源的发展速度居世界领先地位。2021 年，我国国民经济和社会发展"十四五"规划发布，首次明确地将开源写入国家总体规划纲要，指出"支持数字技术开源社区等创新联合体发展，完善开源知识产权和法律体系，鼓励企业开放软件源代码、硬件设计和应用服务"。据 GitHub 2021 年度报告，在全球开发者中中国开发者达 755 万，排名第二。目前，我国开发者的贡献增长速度全球领先，同时在 Kernel.org 上内核补丁贡献数量有大幅提升，在 OpenStack、Ceph 等社区的贡献显著。同时，我国企业"拥抱"开源趋势明显，使用开源技术的软件企业占比近90%；国内企业在基础软件等领域也积极投入开源，涌现出一批优质开源项目，并且开源基金会建设取得实质性进展。2020年5月，"科创中国"开源创新联合体成立。随着我国开发者和企业在全球开源社区中从崭露头角向中坚力量发展，全球知名的开源社区和开源基金会逐渐加大了与中国开源生态的整体合作。2020年6月浪潮与阿里巴巴、百度、腾讯、华为等多家龙头科技企业联合发起中国首个开源基金会——开放原子开源基金会，致力于推进开源项目、开源生态的繁荣和可持续发展，提升我国对全球开源事业的贡献。在Apache、Linux、云原生计算(CNCF)等国际开源基金会中，源自中国的开源项目数量逐步增长，国内开发者在国际基金会中的影响力有所提升。

第二，开源促进了我国多样化智能计算生态格局的形成和发展。一方面，国产组件的绑定关系并不唯一，如麒麟、统信等知名国产通用操作系统，同时支持X86、ARM等多种国产硬件平台架构。另一方面，在产业化发展过程中，形成了多种面向不同应用领域或硬件设备的软硬件生态体系。例如，由鲲鹏/昇腾芯片和OpenEuler操作系统组成的欧拉生态、深度学习平台PaddlePaddle和Appolo自动驾驶生态构建的百度生态、旷视科技和鹏博士构建的"算法+软件+终端"的数智化生态、阿里AliOS和多家芯片公司及设备厂商构建的IoT生态、腾讯贡献Angel机器学习项目建设AI开源生态等。由国产开源组件构成的智能计算生态正在从"处理器+基础软件"的较为单一的基础软硬件平台，向符合不同应用需求或硬件设备多元化、体系化、多层次的智能计算生态格局发展。

2.2.4 "端边云一体"的 AI 软件加速人工智能全场景应用

数字经济背景下，如果单有"云"，那么只是传统的存储、计算、网络、安全等，难以满足行业发展的智能化需求；如果单有 AI 能力，但缺乏云平台与渠道输出给产业，那么 AI 技术也难以实现与产业深入融合。另一方面，AI 开发需要耗费大量的资源和能源，因此在 AI 开发过程中要考虑效能和成本的最佳平衡。用深度学习开源框架自主开发 AI 应用，开发者要花大量时间学习算法和训练模型，并且需要采购专用服务器或者云资源来解决算力需求，对于企业来说短时间内难以实现。高性价比、高性能和高利用率的 AI 硬件基础设施和 AI 开发平台能够为不同规模的企业提供满足自身需要的 AI 计算能力。云智一体的 AI 计算架构，能够将 AI 基础设施和 AI 开发平台紧密结合，基于灵活易用、效能为先的原则，通过对云端 AI 硬件基础设施的不断升级和云端 AI 开发平台的不断调优，使模型训练的速度更快、精确度更高、效果更优。有效提升企业在构建人工智能场景的部署效率，降低企业技术门槛与资金成本，极大地加速产业的数字化、智能化的进程。且当前 AI 服务的计算环境产生了渐进式的突破，已逐渐从云端向移动端和 IoT 等领域蔓延渗透。据统计，近几年 AIoT 的市场规模以 40%以上的实际速度增长，并且未来几年仍会保持高速增长态势。然而，硬件的计算能力与之形成反差。从云到移动端，再到 IoT，算力以三个数量级的比例在下降，内存也在大幅下降，尤其是一些端芯片内存只有 KB 量级。如果 AI 框架开发的模型只能应用于拥有强大计算能力、存储能力和网络传输能力的计算中心服务器，则必然会限制 AI 技术的使用范围，且无法满足 AIoT 的市场需求。这就一方面要求 AI 框架与硬件平台充分解耦，具有跨硬件架构的开发能力，且能够通过标准化的硬件注册接口进行跨硬件设备平台的部署；另一方面，实际运行在 AIoT 设备上的 AI 算法还需要关注三个方面的问题，包括算法效果(精度)、计算速度和模型大小。最理想的方案是算法效果好、计算量低，尤其是实际耗时少，同时模型体积也要小到内存能够放得下。在这方面国内 AI 框架已趋于成熟。百度飞桨的 Slim 深度学习模型通过小型化技术，采用模型定点量化、模型蒸馏、模型裁剪、模型网络结构搜索等方法，可以有效地对已有模型进行压缩，使其在有限计算资源的情况下保持效果不降，从而解决了 AI 模型在端上部署的问题。MindSpore 是面向端、边、云全场景的 AI 计算框架，可以实现全场景下的自适应感知与协同，模型训练好后，可以根据不同硬件形态自适应生成相应大小的模型，同时还支持在端侧直接对模型进行轻量训练，更新本地的推理参数。

2.2.5　我国在大规模并行计算方面步入世界领先水平

　　我国高性能计算自主并行编程环境，以及开发数百万乃至数千万核级别的大规模并行应用得到进一步发展。

　　第一，自主高性能计算并行编程环境已在国产系统上成功部署并有效支撑算力开发。2021 年，科技部支持的基于国产高性能处理器和加速器的新一代高性能计算机系统研制进入收官阶段，国防科技大学、江南计算技术研究所等系统研制单位联合中国科学院计算研究所等长期从事编程模型和编译优化技术研究的团队，为国产高性能处理器和异构加速器研制了配套的编程环境，支持各类标准的同构和异构并行编程模型，同时也针对自主硬件设计推出定制化的编程接口，有效支撑了各类 Benchmark 测试及戈登贝尔奖(Gordon Bell Prize)等示范性应用的开发。2022 年，上述自主编程环境将逐步投入实际业务应用开发并支撑国产高性能计算机系统的算力输出，基本实现了对 Intel Parallel Studio、PGI 等商业软件产品的国产化替代。

第二，高性能计算编程环境开始向跨平台统一编程框架方向迈进。针对不同领域的高能效计算需求，各种定制的加速器架构如 GPU、DSP、FPGA、TPU 等不断涌现，且与通用处理器不断融合，构成形态各异的异构计算系统。但由此带来的可编程性、可移植性等挑战，将导致计算生态的碎片化。我国用于构建高性能计算机系统的处理器芯片主要包括飞腾(迈创)处理器、申威处理器、海光处理器。各研制单位也配备了相应的编程与编译软件，形成各自的生态系统。与国外相比，国内并行编程模型总体上存在软件生态碎片化和编译优化技术研制复用缺失的问题，因此在国际编程标准制定上的话语权有待提升。软件生态的碎片化将影响行业长期发展，覆盖不同架构的统一并行编程框架研究势在必行。

第三，E 级计算时代到来，我国数百万乃至数千万核级别的大规模并行应用处于世界领先水平。重要基础科研和国家安全等重要领域的千万核以上超大规模高效计算将成为常态。随着 E 级计算时代的到来，国产超级计算系统的并行应用已经取得一系列技术突破，充分发挥新一代国产超算系统的强大计算能力。2016～2018 年，基于"神威·太湖之光"系统，中国科学院软件研究所、清华大学等研究团队开发的 6 个大规模应用入围超算应用领域最高奖——戈登贝尔奖，其中千万核全球大气云分辨模拟和非线性大地震模拟两项应用获奖；2021 年，基于新一代神威超算系统的超大规模量子随机电路实时模拟、新冠病毒蛋白拉曼光谱模拟和托卡马克全装置动理学等离子体演化模拟三项应用入围戈登贝尔奖，其中之江实验室、清华大学、国家超算无锡中心等单位联合开发的超大规模量子随机电路实时模拟获奖，实现了世界最大规模的量子随机电路模拟，打破谷歌"悬铃木"量子霸权；此外，国防科技大学联合中山大学、海南大学、国家超算天津中心等单位，依托新一代天河超级计算机，实现了新冠应急药物的快速筛选和发现，对突发疫情情况下的快速药物研发具有重要现实意义。我国在大规模并行应用方面步入世界领先水平。

2.2.6 规模化智算中心操作系统应用达到国际先进水平

国家数字化转型政策频繁出台，尤其"十四五"规划明确提出推进"上云用数赋智"，必然加速企业、政府等数字基础设施数字化转型发展，数据中心操作系统也将从云操作系统逐步演进成智算中心操作系统，融合大数据、人工智能、超算等新一代数字技术于一体的智算中心，是当前企业数字基础设施数字化转型发展的重要方向。

第一，围绕 OpenInfra 开源社区和 CNCF 开源社区构建云操作系统是目前国内云厂商主要的技术路线，开源技术成为云计算和智能计算领域的主流。开源有助于打破技术垄断，为企业提供了一个共同制定事实标准的平等机会。在与云计算相关的虚拟化、容器、微服务、分布式存储、自动化运维等方面，开源已经成为技术主流，并深刻影响着云计算的发展方向。科技部支持的面向云计算的网络化操作系统项目提出了以 API 为核心的云 OS 自主生态建设思路，归纳抽象出了云 OS 基础及扩展 API 规范并获得了众多厂商的支持，初步形成了自主云 OS 生态，确保了不同云 OS/服务的互操作性，避免了重复开发，有助于推动技术持续迭代和行业整体创新。目前，云 OS 最小内核 API 已获阿里云、华为云、浪潮云、中国电科华云等公有云支持，为异构云平台的构建创造了有利条件，经济和社会效益良好。

第二，中国目前的云计算市场处于持续快速发展阶段，云计算的应用已深入政府、金融、工业、交通、物流、互联网等行业。我国人口基数大、基础行业覆盖全面、需求复杂多样，为云计算在国内的落地和实际应用提供了练兵场。最近几年受疫情和国际复杂形势的影响，在关系国家安全的领域构建自主可控、安全可靠的国内生产供应体系被提到了较高层次。国内云计算厂商也纷纷入局，构建全芯全栈护城河，满足国家信息安全战略需求。近几年以麒麟为代表的国产操作系统和服务器芯片自主化程度上升，飞腾、龙芯、申威、兆芯等不同 CPU 架构的服务器也被应用于数据中心中。国产云操作系统需要实现不同操作系统和服务器的兼容、适配和调度，例如浪潮云海 OS 一云多芯能力能够支持多种混合架构 CPU 的智能化调度，基于异构 CI/CD、架构自适应调度、异构迁移等核心关键技术的"一云多芯"技术体系，具备同资源池异构混合部署、调度的能力，实现同一套源代码及其构建的产品对 ARM、X86、LoonArch、Alpha 等多种计算环境的适配支持，满足统一管理、利旧等场景需求。

第三，利用异构计算架构解决多样化数据处理的能力可以满足计算更高效和更低延迟的需求，如利用 GPU、FPGA 设备解决计算密集型应用需要复杂调度逻辑的问题。这些为国内云计算应用和生态集成提供了更加复杂的落地场景。例如，浪潮云海 OS 通过 cyborg 项目强化异构加速设备池化管理和调度，构建了软硬协同的云资源性能加速体系。支持管理 GPU、FPGA、SSD、USB、智能网卡、AEP 等异构设备，实现了管理和调度精细化。以开源技术为基础构建的智算中心操作系统在当前国内支撑大数据、人工智能、异构设备调度管理、生态建设方面发挥着重要作用，智算中心操作系统应用技术目前已经达到国际先进水平。

2.2.7　智算中心操作系统向多场景延伸和覆盖

随着 5G、工业互联网等领域的蓬勃发展，边缘计算的市场需求也快速增长，各行业持续将计算力向集中式数据中心之外扩展，在边缘部署更多资源。随着各行各业智能化转型的加速，人工智能应用范围也更加广泛。全社会对人工智能的期待逐步从热炒向理性回归，人工智能技术与实体经济的融合成为业界共识。从供给侧看，人工智能上云是大势所趋，云操作系统成为人工智能的重要载体；从需求侧看，人工智能上云正在成为终端用户获取人工智能技术的重要方式之一。随着云计算行业的发展，智算中心操作系统的分期建设、多平台容灾、避免厂商绑定等需求催生了多云、混合云需求，互联互通互操作是多云、混合云的本质追求。云边端架构图如图 2.3 所示。

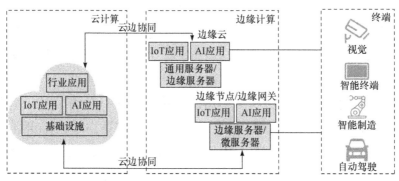

图 2.3　云边端架构图

国内外厂商方面，阿里发布了 ACK@Edge 产品，与 EdgeX 开源系统对接，形成云边端一体化解决方案，满足边缘行业私有云需要。腾讯发布了开源边缘计算框架 SuperEdge，并基于公有云提供边缘计算服务 TKE@Edge。浪潮云海 OS 围绕边缘服务器、边缘微服务器、边缘计算平台打造软硬一体的云边端产品，积极联合生态伙伴构建整体解决方案。浪潮 AIStation 人工智能推理服务平台实现了对 GPU、FPGA、AIPU 等异构加速芯片的插拔式使用，以及多元算力的统一管理及调度，为生产环境算力运行提供一致的监管功能。2021 杭州云栖大会上阿里发布大数据+AI 一体化平台新品牌"阿里灵杰"。依托阿里领先的云基础设施提升 AI 和大数据开发效率,阿里云发布混合云管平台 Apsara Stack 2.0,面向政企客户,打造智能管云、全栈建云的解决方案。新华三于 2022 年发布了全新的云智原生 AD-NET 6.0+解决方案,在同构混合云的架构基础上,实现了分布式云整体方案。

智算中心操作系统算力调度融合 HPC 与 AI 模式,算力与框架、算子深度融合。以 SLURM 为代表的传统 HPC 调度引擎具有较强的资源与任务调度能力,能够支持企业、科研机构对 HPC 任务的运行需求,但其学习成本相对较高、统计运维能力不足、算力获取与算力调度性能难以保障,在一定程度上制约了 HPC 应用在智算中心内的高效运行。通过算力释放层算子、框架、算法与算力生产、聚合层的深度结合,智算中心正逐步从云算力资源与 AI 平台的简单叠加,向贯穿硬件资源、软件资源、开发模式、应用能力的方向转变。当前,国内外厂商基于对 HPC 调度技术的封装与优化,实现了使用管理更便捷、业务支持能力更广泛、算力来源更多样的智算中心操作系统的调度模式。以浪潮 ClusterEngine 为代表的智算中心调度平台通过对 SLURM 调度能力的优化封装,实现了高可用、高性能、安全可靠的 HPC 任务调度管理等能力,同时提供针对 HPC 任务及所需算力的集群管理计费、用户组织管理、操作日志监控等功能,并通过 API 接口与外部业务平台进行对接。以曙光计算云为代表的 HPC-AI 混合调度平台,通过拓展 SLURM 镜像管理调度能力,实现了跨 AI、HPC、数据科学场景的智算中心操作系统。以 Bright Computing 为代表的 HPC 调度平台对算力获取进行优化,支持在跨机房、计算中心甚至跨中心的算力资源上统一调度 HPC 与 AI 任务，初步构建了跨物理设施、数据算力分治的智算中心操作系统架构。2022 年初投入使用的商汤 AIDC 智算中心，采用自研高性能计算引擎，包含丰富的高度优化的 AI 算子、编译器及运行时环境，支撑了在 EFLOPs 智算中心内使用不少于 50%的国产异构计算芯片作为核心 AI 算力。于 2021 年初落成的武汉人工智能智算中心，采用昇腾 Atlas 900 AI 集群，并结合了包括异构计算架构 CANN、全流程开发工具链 MindStudio、昇腾应用使能平台 MindX，构建了 AI 全栈软件平台，通过软硬件匹配的模式，发挥昇腾 AI 处理器的能力，构建了异构设备融合、算力算法融合的智算中心解决方案。

通过预置算法应用、支持自动建模，智算中心操作系统已经成为算法基础设施的承载平台。智算中心在为千行百业提供算力资源的同时，正逐渐开始提供更为便捷的 AI 模型构建能力、AI 应用获取与输出能力。为支持产业 AI 化，同时帮助各行业用户更便捷地进行 AI 生产，智算中心内开始出现各种行业、场景的自动化、流程化建模能力；通过 AI 应用市场、培训竞赛生态、解决方案仓库等形式，逐步形成了一系列围绕智算中心的 AI 生态环境。华为 ModelArts 平台通过为用户提供标准算法与建模流程，以 AI 应用市场提供数据集、算法、模型等 AI 数字资产的共享，保障 AI 开发生态链上各参与方高效地实现各自的商业价值。百度 BML 平台与飞桨 AI Studio 深度结合，提供从入门到工业实践的各个阶段案例与业务方案，帮助用户快速提升深度学习技术能力。通过生态化技术论坛、与高校合作开设 AI 公开课程、开展 AI 技术大赛等活动，构建了产学研用联动、科研机构与企业互通有无的 AI 产业模式，挖掘了智算中心算力、算法基础设施赋能千行百业的新模式。针对 AI 转型初期企业缺少专业技术能力、难以通过构建 AI 技术能力赋能生产的问题，国内厂商推出了形式多样的自动建模辅助工具与平台，以帮助企业低成本、高效率构建 AI 业务模型，让智算中心算力与算法资源能够更普适地应用于千行百业。由第四范式研发的 HyperCycle 自动建模平台，能够支持低门槛、标准化、全自动的决策、图像分类、目标检测、文本票据识别类建模需求，帮助没有足够专业 AI 知识的业务人员构建 AI 应用，并支持小样本迁移学习建模，为 AI 转型初期缺乏技术与数据储备的用户提供支持。阿里 PAI 平台支持自动化数据标注与可视化建模，通过预置的大量算法组件支持用户 AI 业务开发，大幅降低 AI 模型构建的门槛。浪潮的 AutoML Suite 自动建模工具，基于神经网络结构搜索、迁移学习模型微调等技术能力，构建了覆盖数据管理、模型构建、参数调优、批量训练的全流程可视化建模工具，加速企业 AI 能力构建，提升模型开发人员的工作效率。

2.3　云边协同

5G 促进了终端设备、边缘计算云、云计算中心、人工智能技术之间的深度融合，"端边云网智"的融合计算格局已经初步形成。我国的云边协同领域主要呈现下面几个特点：一是云边协同的融合计算模式已经成为行业共识，全产业链的企业纷纷布局，形成了基本的云边协同格局；二是在过去一年中，我国持续发力"端边云网智"的融合计算技术创新和产业发展，在云边协同计算模式的生态建设和落地应用方面取得了重要进展；三是边缘智能得到重视，随着 5G、物联网时代的到来，为借助边缘侧数据的采集便利、实时处理计算等特点，人工智能技术逐步从中心云向边缘下沉；四是安全边界不断延伸，随着边缘计算的兴起，传统中心云遇到的安全问题正逐步向网络边缘侧延伸。

2.3.1 云边协同的融合计算模式成为新的发展方向

2021 年 3 月发布的《中华人民共和国国民经济和社会发展第十四个五年规划和 2035 年远景目标纲要》提出"协同发展云服务与边缘计算服务"的要求，完善云边协同产业的标准体系、推进方案应用落地成为国家战略和行业共识。2021 年 5 月，国家发展改革委、中央网信办、工业和信息化部、国家能源局四部委联合下发了《全国一体化大数据中心协同创新体系算力枢纽实施方案》，支持发展高性能、边缘数据中心，鼓励城区内的数据中心作为算力"边缘"端，优先满足金融市场高频交易、虚拟现实/增强现实(VR/AR)、超高清视频、车联网、联网无人机、智慧电力、智能工厂、智能安防等实时性要求高的业务需求[99]。2021 年 7 月，工业和信息化部印发的《新型数据中心发展三年行动计划(2021-2023 年)》指出要加快云边协同发展，通过打造新型数据中心集群示范、开展边缘数据中心应用标杆评选、发布《云边协同建设应用指南》等举措，推动边缘数据中心与数据中心集群协同发展[100]。在国家的号召和战略部署下，云边协同产业方阵启动会于 2021 年 5 月在中国信息通信研究院成功举办[101]，会议发布了国内首个分布式云和云边协同标准体系。云边协同产业方阵的成立，旨在联动云边协同领域内的政、产、学、研、用等多方角色，凝聚产业共识，整合优质资源，搭建测试环境，开展技术攻关，完善标准体系，扩大合作范围，提升产业总体竞争力，建立健康产业生态。2020 年 12 月，边缘计算产业联盟(ECC)与工业互联网产业联盟(AII)联合发布了《边缘计算与云计算协同白皮书 2.0》，白皮书指出边缘计算落地形态主要包括云边缘、边缘云和边缘网关三类，以"边云协同"和"边缘智能"为核心能力发展方向，软件平台要导入云理念、云架构、云技术，提供端到端实时、协同式智能、可信赖、可动态重置等能力，硬件平台要考虑异构计算能力，如 CPU、GPU、NPU、FPGA 等[102]。

2.3.2 "端边云网智"融合计算技术不断创新且产业发展趋势逐步明朗

国内从业者积极推动融合计算技术的创新与发展。中国移动、中国联通、中国电信三大运营商，中兴、华为等网络设备提供商，阿里巴巴、腾讯、百度等大型云服务提供商以及众多小型 ICT 公司、云和边缘计算专业公司、垂直行业，纷纷入局、布局融合计算体系，形成以分布式云为代表的商业应用模式与范例。2021 年 3 月 18 日，联想集团与中国联通联合发布车联网解决方案，通过 MEC(移动边缘计算)+5G，以边缘计算形式实现路侧算力的就近云化处理，提高数据运算效率与数据融合度[103]。2021 年 4

月，中国电信发布面向医疗卫生机构的 5G 医疗分布式云，结合自研 MEC 和 UPF，并融合 5G 切片技术和边缘计算技术，通过天翼云医疗云专区实现算力向边缘云节点下沉，以及医疗数据与个人用户数据的安全隔离传输，满足院内、院间、院外多场景下低时延、大存储和高算力的需求[104]。2021 年 5 月，中国移动研究院和中移物联网公司联合研发的 OpenSigma 边缘计算通用平台 1.0 版本发布，可提供网边协同、边缘能力聚合和开放、产品持续集成交付等功能[105]；2021 年 10 月，OpenSigma 2.0 版本发布，提供更加灵活的网络架构、更加丰富的功能、更完备的服务流程、更友好的生态孵化环境[106]。2021 年 7 月，浪潮发布边缘服务器产品 NE3160M5，汇聚强大的 AI 算力和网络通信能力，可在通信机房或室内场景直接部署，为智慧门店、智慧园区、工业互联网等 AI 推理和 ICT 融合的边缘场景提供灵活、强大的边缘算力，并可以作为构建边缘云的基础支撑[107]。2021 年 5 月，中科驭数与中移物联网达成战略合作，推动 DPU 落地边缘计算，在边缘节点有限的资源环境下实现大带宽、低时延、低抖动及高可靠的网络功能[108]。2021 年 9 月，翼辉信息发布自主研发的新一代智能边缘计算操作系统 EdgerOS，可根据不同应用场景在边缘侧进行部署，使设备具备智能边缘算力，为开发者提供了基于互联网技术栈的操作系统平台，抽象了复杂的底层设备管理和通信协议，简化物联网 APP 开发难度，提高开发效率[109]。2021 年 9 月，华为发布 openEuler 21.09 全新版本，实现对边缘计算和嵌入式场景的支持，可广泛部署于服务器、云计算、边缘计算、嵌入式等各种形态的设备中，实现支持多设备的统一操作系统，应用一次开发即可覆盖全场景，打通应用构建的最后一公里，促进与华为云原有生态的深度融合，构建领先的分布式云平台[110]。2020 年 10 月 14 日，腾讯云首个 5G 边缘计算中心正式对外开放，标志着腾讯云率先从底层硬件向上层软件发展，实现 5G 和边缘计算的整体应用串联，成为具备整体交付能力的国内分布式云厂商[111]。2021 年 12 月，阿里云推出了边缘容器服务 ACK@Edge，采用非侵入方式增强，拥有边缘自治、边缘单元管理、边缘流量管理、原生运维 API 支持等能力，拓展阿里云的原有能力，构建全新的分布式云新业态；广泛应用于 CDN、实时音视频云服务、在线教育、交通、智慧城市、智慧工业、IoT、物流、水利、能源、农业等场景[112]。

2.3.3　人工智能从中心云向边缘下沉促使边缘智能应运而生

受益于算力、算法和数据集等技术的进步，人工智能得到了突飞猛进的发展，在工业、农业、安防、交通等领域得到广泛应用。在 5G+物联网时代，借助其对边缘侧数据的采集、实时处理和计算等便利，人工智能技术从中心云向边缘下沉，通过在边缘和云端对模型进行协同训练和推理，解决了人工智能落地"最后一公里"的问题，边缘智能应运而生。2021 年 5 月，研华推出基于 OTII 标准的 5G BBU 边缘服务器产品，能够结合 FPGA 5G 前传加速卡和智能网卡，在开放无线电接取网络(ORAN)中使用，同时能够搭配推理加速卡，结合深度学习框架，提供 AI 模型训练及推理，适用于高运算量场景①。2021 年 5 月，百度发布了天工 AIoT 平台，结合百度云的优势，内部集成鸿鹄芯片构建分布式云平台；具备支持低功耗远场语音交互中的阵列信号处理、高精度超低误报语音唤醒、离线语音识别等核心功能。基于 AI 中台与天工 AIoT 智能边缘平台共同协作的视觉智能解决方案已经广泛应用于生产安全、园区安全、工业质检、智能制造等多个场景中[113]。2021 年 9 月，凌华科技推出边缘视觉分析软件开发套件 EVA SDK，加速边缘 AI 视觉应用，用户可以通过拖拽式 GUI，使用即用型插件和参考代码快速完成边缘 AI 视觉概念验证，并加快部署和上市时间[114]。2021 年 10 月，和利时边缘智能控制器、边缘智能一体机顺利落地北京地铁 19 号线一期工程，将虚拟化技术与传统工业控制技术、AI 人工智能算法相结合，实现边缘智能控制器在传统 BAS 功能、机电智能诊断功能等场景的应用，以及自动扶梯等五类设备/系统的故障诊断与预测分析[115]。

2.3.4　云服务向边缘侧延展并提出全新安全防护需求

传统中心云服务遇到的安全问题正逐步向网络边缘侧延伸。在异构边缘设备接入、海量边缘数据汇聚、云边通信协议多样化、云边弱网等特征背景下，应从边缘节点安全、边缘网络安全、边缘数据安全、边缘应用安全等维度重点发力，建设全方位的云边协同安全防护能力。2020 年12 月，中国移动通信有限公司研究院发布了面向 5G 边缘

①研华推出基于 OTII 标准 5G BBU 边缘服务器产品. http://article.cechina.cn/21/0506/04/20210506045352.htm [2022-07-04].

计算的智慧港口解决方案，该方案将 MEC(Multi-access Edge Computing)划分为不同的功能域，将内部网络划分为多个安全域，实现了网络之间的隔离；同时，在需要进行互通的域间，增加防火墙、入侵检测等安全防护功能，实现了域间的防护[116]。2021 年，华为发布了智能边缘平台(IEF)，构建了全流程安全架构，通过建立安全通信信道、IAM 认证和设备证书验证等方式全方位解决云边协同中的安全问题[117]。2021 年 1 月，中国移动与讯琥科技开展"边缘计算+区块链"应用联合测试，最终实现多方之间安全、可信的数据交换[118]。2021 年 4 月，中信科移动通信技术股份有限公司与地平线共同发布了双方合作打造的 5G+AI 边缘计算路侧融合网关，支持芯片级安全加密、国密算法以及厘米级定位、高精度本地时钟保持，并提供端到端的 CA 安全通信机制[119]。2021 年 7 月，浪潮发布边缘服务器 NE3160M5，其电磁兼容性达到更加安全的 ClassB 等级且支持人机共存；另外，针对边缘计算必不可少的数据安全防护，NE3160M5 支持 QAT(Quick Assist Technology)功能，能够实现高效的数据加密和压缩[120]。2021 年 8 月，国网信通产业集团北京分公司发布的边缘裸金属服务在浙江省实现批量上线，该服务是一种高安全性的专属物理服务器服务，即：在边缘数据中心搭载 IT 硬件设备、分布式边缘计算平台等软硬件设施，为客户的数据库、大数据、容器等业务提供低时延、高可靠的运行环境[121]。2021 年，针对 MEC 安全风险，中兴通讯提出基于分层架构的 MEC 安全框架，从基础网络、基础设施层、虚拟设施层、MEC 平台、UPF、APP 生命周期、管理安全等多维度应对 MEC 面临的安全挑战[122,123]。

2.4 计算生态规模、架构、形态同步演进

2.4.1 基建化、一体化建设亟待发展

"加快数字化发展,建设数字中国"是我国"十四五"规划经济发展重点目标。建立以数据中心、智能计算中心为代表的算力基础设施成为我国新基建发展的重点领域。2020 年我国算力总规模达到 135 EFLOPS,全球占比约 31%,且保持 55%的高位增长。但在我国当前算力发展取得长足进步的同时,依然存在发展不平衡、不充分等现象。东部发达地区算力资源供给不足,其中一线城市数据中心利用率接近饱和;而西部地区算力资源供给过剩,其数据中心上架率处于 15%~30%。这与 5G 时代全面建设"数字中国"的战略需求还有较大差距。此外,现有数据中心纵向无法联动、横向难成合力,数据中心利用率受到制约。针对当前我国数据中心发展现状,国家出台了相关政策,优化国内数据中心布局,进一步推动云数据中心、边缘数据中心、端侧设备之间算力的高效协同,实现算力资源的高效均衡利用。2016 年,习近平总书记在中央政治局第三十六次集体学习中就强调,要建设全国一体化的国家大数据中心,推进技术融合、业务融合、数据融合,实现跨层级、跨地域、跨系统、跨部门、跨业务的协同管理和服务。

2.4.2　国内企业纷纷探索跨域算力协同支撑全国算力一体化建设

全国算力一体化能够有效支撑我国各领域数字化、智能化、智慧化转型发展，为经济社会高质量发展提供新动能，对推进我国数字基础设施建设、落实碳达峰碳中和要求具有深远意义。国内相关企业都在跨域协同计算领域进行了相关探索。2021 年 3 月，中国联通正式发布 CUBE-Net 3.0 网络创新体系，旨在通过"算网一体"实现深层次的云网融合，中国联通还表示正在做强大计算，打造数网协同、数云协同、云边协同、绿色智能的多层次算力设施体系，支撑不同维度、不同层次全面多样的数字化需求①。2021 年 11 月，腾讯云发布《链计算白皮书》，打造从链计算走向无边界协同，其中链计算创新性地提出"计算空间"为资源池的计算单元，通过区块链分布式动态组网能力，以及数据共享能力、业务协同能力，构建出云、链、边、端的无边界协同的计算网络[124]。2022 年 1 月，阿里云也推出混合云多数据中心大数据跨域计算解决方案，提供跨域计算功能，可以在不复制数据的情况下，实现对不同数据中心的数据进行协同分析。

2.4.3　应用推动算力多元化创新发展

智能计算在各方面的研究和应用取得快速发展，推进数字化与智能化在诸多行业的渗透。伴随数据海量增长、

---

①中国联合网络通信有限公司研究院. CUBE-Net3.0-网络创新体系白皮书. http://www.chinaunicom.com.cn/news/202103/1616475366334093439.html[2022-06-19].

算法模型趋向复杂、处理对象异构、计算性能要求高,AI 芯片在人工智能的算法和应用上做出了针对性设计,可高效处理智能计算应用中日渐多样繁杂的计算任务。在人工智能不断扩大渗透的智算时代,芯片多元化的发展也展现出广阔的应用前景,通过不断演进的架构,为下一代计算提供源源不断的动力。从需求侧而言,人工智能引入了全新计算模型,算法结构日益复杂、参数和样本规模扩大的趋势并未减弱,尤其是训练对计算资源的消耗持续增加,且 AI 训练和泛在化的推理场景对数值精度和算力水平的要求各不相同,从芯片类型、系统架构和发展范式等各个层面影响算力市场的供需格局,领域专用芯片、AI 服务器、智能计算中心等成为市场关注重点。另外,大量的边缘场景长尾需求尚未得到满足,并且面向边缘计算的硬件、软件、服务和通信基础设施投资正在加速,边缘计算从产品形态到底层架构都在走向多样化,定制服务器产品或成为边缘计算基础架构的主力军。对供给侧来说,旺盛的市场需求给供给侧打开了机会窗口,人工智能在智能计算领域中的差异化应用使得 AI 芯片产品需要具有差异化的特征。AI 芯片的广泛应用和场景的不断丰富,为专门开发 AI 芯片的厂商带来得天独厚的发展机会,AI 芯片产品也呈现出更加细分多元的特征。越来越多的芯片厂商,如寒武纪、燧原科技、地平线和比特大陆等都参与到行业发展中来,加速芯片产品的研发,推陈出新,以满足市场上从训练到推理,从云端到边缘等多维度的需求。通过对特定场景的芯片进行优化,可提升人工智能应用程序的执行速度,以扩大在车联网、智能安防、物联网和智能语音等智能计算领域的应用。

第3章 未来展望

3.1 计算平台技术不断突破，生态构建逐步完善

3.1.1 计算平台体系结构孕育重大创新

计算平台体系结构将逐步向多态复合、自适应方向发展。计算平台架构需要在同构与异构、通用与专用、动态与静态之间获得最优平衡，以满足不断增加的性能需求。同时，为了能够向不同领域的应用提供服务，计算平台在体系结构上需要灵活地调整异构计算资源占比实现性能与功耗的平衡；在运行过程中需要根据应用负载的计算、访存、I/O、功耗等特征，自适应地进行工作状态调节并实现资源重构。为满足动态多变、挑战性越来越高的计算应用需求，国内新型计算体系结构不断涌现，如神经元计算、存算一体、量子计算等。近年来，计算体系结构孕育着重大创新，计算核心器件的国产化率稳步提升。在计算平台方面，国产超级计算机平台在处理器、加速器、互连网络等核心器件上全面实现了国产化替代。伴随着国家信息技术应用创新的工程建设以及自主计算生态环境的逐步完善，计算平台在核心器件国产化替代趋势将从高端向低端辐射，全国产计算平台将在市场上逐步成为主流，为众多系统厂商和终端用户所接受。最终实现我国计算平台摆脱对国外核心器件依赖的同时，完成构建独立自主的计算技

术、标准和生态体系的目标。

3.1.2　计算平台软件生态迎来重要发展机遇

2021 年，基于新一代神威超算系统的超大规模量子随机电路实时模拟、新冠病毒蛋白拉曼光谱模拟和托卡马克全装置动理学等离子体演化模拟三项应用入围国际高性能计算应用最高奖——戈登贝尔奖，最终超大规模量子随机电路实时模拟应用获奖。尽管此类计算应用软件多次获得本领域最高奖项——戈登贝尔奖，但计算平台的系统软件、应用软件的研发设计仍是自主高性能生态环境中的最薄弱环节。在计算平台系统中，软件研发经费占比不足，"重硬轻软"的态势未得到根本性转变。"十四五"期间，国家重点研发计划等专项逐步加大了对计算平台软件生态的支持力度，重点支持了自主基础数学库、编译工具、编程框架等系统软件，全面开展了超大规模计算软件的研发攻关。依托前期部署的国家超算中心，谋划建设"超算互联网"，探索自主软硬件协同发展的长效机制。在国家重大项目引导和支持下，计算应用软件自主化将迎来重要发展机遇。然而，当前我国在计算应用领域人才较为匮乏：首先，在高等教育阶段缺乏对学生并行编程能力的培养；其次，越来越多样化的计算机体系结构、纷繁复杂的并行编程环境，使得计算领域人才培养面临巨大挑战。计算应用软件开发技术需要计算机技术与其他各学科和工程领域交叉应用，当前众多自然学科和工程学科的发展也都离不开计算软件应用的支持。计算应用领域创新人才的培养任重道远。国内需要规划建设一系列技术领先、功能完备、自主可控的计算工具和公共开发平台，大幅度提升对计算应用软件复合型人才培养的投入。

3.2　新型基础服务设施推动智能计算产业发展

3.2.1　算力一体化发展成为国家战略

在《新型数据中心发展三年行动计划(2021-2023 年)》《全国一体化大数据中心协同创新体系算力枢纽实施方案》等国家文件中强调，构建全国一体化智能算力生态网络体系，加快构建算力、算法、数据、应用资源协同的全国一体化大数据中心体系，引导全国数据中心适度集聚、集约、绿色发展。2021 年 11 月，工业和信息化部发布《"十四五"信息通信行业发展规划》，要求加快构建并形成以数据和算力设施为核心的新型数字基础设施体系，形成数云协同、云边协同、绿色智能的多层次算力体系。政策的发布给未来算力产业发展指明了方向，数字经济时代，算力已经成为新的生产力。算力指标的提高意味着整个行业向高质量发展演进，不仅推动数据中心的质量与效率变革，更将为经济社会转型升级赋能。现阶段实施"东数西算"工程，构建全国一体化国家大数据中心体系是优化我国算力资源空间布局、推动新型基础设施高质量发展的必然选择。2022 年 2 月，国家"东数西算"工程在京津冀、长三角、粤港澳大湾区、成渝等八地启动建设国家算力枢纽节点，预计每年带动千亿元以上投资。国家算力枢纽建设将使得算力、数据、服务日趋集中，超级计算中心、智能计算中心、先进计算中心、云计算中心、大数据中心等新型基础设施建设蓬勃兴起，同时国家级一体化数据中心、国家超算互联网、5G/6G 等高速接入网络的发展，推动形成云边端一体化融合的新型计算模式，将产生显著的经济效益。可以预见，先进计算算力将成为最具活力和创新力的新型生产力，驱动社会和产业发生深刻变革。

3.2.2　构建多元异构算力设施体系推动智算中心建设

在互联网、5G 和云计算需求不断提升的情况下，以智算中心为代表的算力设施发展迅猛，各数据中心智能化升级的步伐不断加速，提升智算算力比重已是大势所趋。此外，智算本身也呈现出多路径的发展趋势，一是 CPU、GPU 等传统芯片仍然占据主导地位，在常见的机器学习训练和推理方面有着良好的表现和成熟的设施体系；二是 ASIC、FPGA 等其他加速芯片在某些行业和领域被越来越多地采用，以满足差异化的性能、功耗和成本需求。因此除了全力推动智算中心的建设，还需要相关的产业链企业能够实现异构算力的调度，扩大整个产业的规模，建立以算力交易平台和算力控制面为基础，以算力消费方、算力提供方、网络运营方为核心，以算力应用、AI 赋能平台等提供异构算力调度体系，形成完善的产业生态。

3.3　操作系统促进行业深度融合

3.3.1　深度学习框架深化探索

人工智能领域的发展不断加速，新的趋势随之不断涌现。一是人工智能应用场景的扩展以及与更多领域的交叉融合，越来越多的应用需要同样能力的模型能够在端、边、云等不同场景下进行多任务同步执行。这就要求深度学习框架开展异构平台下的模型一致性研究，同时最大化地实现编译优化，充分利用已有计算资源，使依托其开发的模型能够适配计算中心、嵌入式系统、移动端等不同场景。二是千亿级甚至万亿级参数的超大规模模型的出现，如百度与鹏城实验室联合发布的"文心"、智源人工智能研究院发布的"悟道"等，对深度学习框架的算力调度、调优算法等提出了更高的要求。此外，人工智能模型的不可解释性以及结果的不确定性，决定了软件系统特别是人工智能系统的安全问题不容忽视。人工智能技术在社会伦理上的痛点也促使可信赖人工智能在框架层面的进步。这些都是深度学习框架未来的探索方向。

3.3.2　超大规模预训练模型通用化

深度学习领域兴起已逾十年，随着研究的发展，针对特定应用场景的小模型遇到了瓶颈。以 2018 年发布的 BERT 为代表的大规模通用模型的出现被认为是人工智能领域，特别是自然语言处理方向上的一个里程碑式突破，标志着算法在理解和利用人类语言的能力上的一次重大飞跃。大模型基于海量数据进行自监督学习，然后使用迁移学习解决各类下游 AI 任务。这种范式打破了传统技术对大规模标注数据的依赖，并且泛化能力强，可以做到举一反三，是探索通用人工智能的可行路径之一。大模型方向已成人工智能算法领域的发展趋势和竞争焦点，引起众多科技巨头及科研院所在此领域重点布局。预计 2022 年，大模型研发方向将从持续增大参数规模向实用化转变。随着知识增强、跨模态统一建模、提示学习、持续学习等技术的发展，结合模型蒸馏、稀疏化等技术，大规模通用模型的效果、通用性、泛化性、可解释性和运行效率将持续提升，应用门槛不断降低，从而实现在互联网、智能办公、智慧金融等场景的广泛落地。

3.3.3　云原生加速 AI 落地

云原生的理念经过几年发展和实践，已经度过了概念普及阶段，进入了快速发展期，技术上也提出了新的需求。一是混合云、多云的环境成为主流，这就需要有一个统一的云原生操作系统把所有的工作负载，包括业务负载、数据库、大数据、机器学习、基础中间件等都搭载在同一平台；二是为了让开发者更专注业务逻辑，云原生逐渐向以应用为中心演进，Serverless 技术促使应用与云充分解耦，服务网格作为下一代微服务技术的代表，满足了开发者按需使用、弹性开发的需求。在 AI 开发领域，随着数据量和模型规模越来越大，对模型训练速度的要求也越来越高，尽管 AI 技术成熟度正在不断提高，但 AI 应用仍然面临着训练效率低、部署困难等问题。在此背景下，云原生和 AI 的融合成为近期的热门方向，在提高算法模型的开发效率、提升交付、部署、运维环节的效率并降低 TCO 等工程化方面起到很大推进作用。以百度为例，其开发的云原生 AI 方案通过 GPU 容器虚拟化技术、加速库和 AI 容器调度技术，可以显著降低 AI 工程化建设复杂度和学习成本。另一提升资源效能的关键技术是云原生混部技术，这一技术将在线服务和离线任务混合部署到相同物理资源上，通过资源隔离、调度等控制手段，在充分使用资源的同时保证服务的稳定性。针对资源分配率已达 100% 的集群，使用混部调度机制，调度近线、离线业务，能够更加有效地利用闲时资源，提升机器实时利用率，降低成本。大规模云原生混部调度技术，让资源利用效率整体提升了 45%，单位 IT 成本下降超过三分之一。目前云原生 AI 已经赋能泛互联网、高校、车企等行业，实现了 GPU 显存和算力的共享与隔离，加速 AI 任务的调度和通信，使得资源利用率大幅提升，推动了 AI 应用落地。

3.4　多项计算芯片实现国产自主化

3.4.1　多种指令架构并行演进发展

智能计算促进了国产计算芯片产业蓬勃发展，多个计算芯片厂商已完成产品的规模化商用。继 AI 芯片厂商寒武纪顺利完成科创板 IPO 后，LoongArch 架构的龙芯 CPU、X86 架构的海光 CPU 亦先后通过科创板 IPO 发审委会议。此外，ARM 架构的飞腾 CPU 和鲲鹏 CPU、自主指令集的申威 CPU、X86 指令集的兆芯 CPU 等多种计算芯片也在快速进步发展。RISC-V 作为开源芯片架构，其指令集完全开源，且设计简单，亦有望成为计算芯片主流的发展方向之一。经过一段时间的市场拓展，国产计算芯片已逐渐搭建起自主、健康的产业生态，有望进入自我迭代、良性发展的成熟阶段。

3.4.2 核心芯片设计封装技术升级

近两年来，美国频繁通过"实体名单"等方式封锁国内芯片企业供应链，暴露了我国在自主制造中高端芯片及其核心关键技术方面受制于人的短板。当前，研发和掌握芯片核心关键技术变得更加重要和紧迫。因此，必须围绕逻辑、存储、第三代半导体、光电子等重点方向和新材料、新原理、新架构等后摩尔时代的关键技术，加强技术攻关与自主创新，推动智能计算芯片深度发展。近期涌现出的海光、龙芯、寒武纪等国产计算芯片的商业领军企业，设计出的商用计算芯片的产品性能已经达到了国际先进水平。国内主要计算芯片企业均建立了高端芯片设计团队，搭建了支持高端芯片设计开发的先进仿真平台，能够自主完成高端智能计算芯片设计及仿真，具备了新产品的迭代开发能力。此外，先进封装技术也是提升计算芯片性能的重要技术手段，新型的小芯片 Chiplet 技术、计算核心与 IO 核心分离架构、领域专用芯片技术逐步发展成为主流，将进一步丰富国产计算芯片的产品形态。目前，2.5D 封装技术已大规模应用于海光 DCU 加速器，通过高密度存储集成和高访存带宽大幅提高芯片数据处理能力。

3.4.3 自主计算芯片产业生态环境快速形成

根据芯片产业发展规律，计算芯片可持续发展的重要前提是要有完整的产业生态环境支撑，形成完备的产业供应链。仅靠突破关键核心技术，并不能打破发达国家对计算芯片的垄断格局。近期全球芯片产业链受中美竞争等政治因素影响极为显著，着力打造自主可控、安全可靠的芯片产业供应链变得非常重要和迫切。目前芯片产业链各环节不断向国产化演进，工艺制造方面，14nm 制程的芯片在国内已实现量产，国产 EDA 软件、IP 工具等已达到一定应用规模。不断发展的信息技术和智能技术推动了国产计算芯片的快速应用，促进了国产计算芯片产业体系的快速发展。国内围绕海光 CPU、鲲鹏 CPU 等国产 CPU 芯片建立了一系列的生态适配中心、生态创新中心，催生了一批智能计算、AI 芯片相关的高新创业公司，促进了自主计算芯片产业生态环境快速形成。未来，我国需继续营造良好的计算芯片产业发展环境，加大计算芯片产业开放力度，进一步提升国际合作的层次与水平，为国内外企业合作创造更优的条件，促进优秀产品的应用推广与对接，充分发挥应用市场对产业的牵引作用，为产用双方搭建高效的对接平台，推动产业链上下游深度合作，构建完善的应用生态体系。同时，我国应注重多种举措引育芯片产业高端人才。芯片设计研发具有技术更新快、知识产权密集、高端人才密集等特征，需要持续地保持较大投入强度，才能实现与国际领先企业的"并跑"。芯片研发需要物理、材料、电子、计算机等多学科知识，亦需要技术、产业复合型创新领军人才。因而，芯片产业需打破国内传统意义上的学科专业壁垒，跨学科培育复合型后备人才，通过校企合作等方式培养贴近产业的创新人才。另外，通过产学研融合协同加大对高端人才的引育力度，弥补当前芯片产业高端人才的缺口。同时，集成电路人才培养亦开始呈现专业化趋势，如清华大学专门成立了集成电路学院，南京江北新区成立了南京集成电路培训基地，这些举措进一步满足了国内计算芯片产业对人才数量、质量以及多样性的需求。计算芯片作为战略性高技术产品，是信息产品的核心部件，是大国竞争的战略制高点，是引领新一轮科技革命和产业变革的关键力量。近年来，我国芯片产业取得长足发展，但与国际先进水平仍有较大差距，关键技术受制于人，并面临着强烈的技术打压。面对百年未有之大变局和智能化产业发展的关键机遇期，我国必须加快步伐，通过政策引导与市场需求驱动，促进国产计算芯片相关技术、产业、人才的同步发展。

3.5 云数智深度融合成为推动数字经济产业发展的新动力引擎

数字经济具有高创新性、强渗透性、广覆盖性等特点，能够有效助力传统产业升级改造，成为构建现代化经济体系的重要引擎。从数字经济发展趋势上来看，数字经济逐渐从追求流量变现到重视硬科技创新，从消费互联网逐步延伸到产业互联网。从海量数据中发现规律、提炼知识，以促进产出增加和效率提升，实现企业生产经营和整个产业的智能化，能够发挥数字技术对经济发展的放大、叠加、倍增作用，从而提高全要素生产率。未来数字经济与实体经济将加速融合发展，对"云智融合""云智一体"提出了更高要求。数据中心作为算力基础设施的重要内容和数字经济的枢纽，正在向融合化和智能化发展，对于操作系统、管理软件等数据中心基础软件而言，近年来的发展趋势也集中在资源融合、多云融合、场景融合、运维自动化等方面，同时开源开放也进一步加速了新兴软件技术的发展。数据中心产品和数据安全也越来越受到关注，相关技术发展迅速。

3.5.1　算力的多元化持续丰富泛在软件定义内涵

智算中心算力向多元化发展，英特尔 CPU 在数据中心市场的占比持续下滑，2021 年 Q3 占比已经低于 80%(IDC 数据)；GPU 加速处于成熟稳定期，而 NVMe-oF、下一代持久内存、FPGA 加速等也开始得到应用。VMware 发起 Monterey 项目，基于英伟达 DPU 卡加速软件定义的存储、网络和安全；Nutanix 利用 SPDK 方式直接访问 NVMe SSD，从而降低延迟和 CPU 利用率；OpenStack 社区积极推进智能硬件加速项目 Cyborg，统一管理 GPU、FPGA、AEP、NVMe SSD、SRIOV 等硬件加速设备。

3.5.2　大规模多云混合云进一步往互联互通互操作方向发展

当前多云混合云仍以同构为主，异构多云混合云需求不少，但落地实现困难。无论是 VMware 从私有云向公有云扩展，还是 AWS、阿里等将公有云软件栈部署在私有云环境下，都基于同构技术。容器可能成为异构混合云的基础技术架构，基于容器标准化封装，解耦应用运行环境与混合云基础设施，使企业应用更易敏捷实现。云际计算支持传统云各层面的各类云参与者之间以互利互惠方式进行双边或多边协作，解决智算中心发展新时期的单一云服务商边际效益下降、云服务用户平台锁定问题。

3.5.3 虚拟化和容器化并存融合演进推动云原生技术重塑 IT 架构

从应用趋势来看，虽然容器发展很快，但是虚拟化不会被容器取代，而会更多地与容器并存和融合，超级资源底座、超级编排、应用转型是容器技术发展方向和重塑 IT 架构的三大抓手。IDC 预测，未来 5 年虚拟化和容器基础设施软件的复合年增长率分别为 10.2% 和 41.2%，2025 年将达到基本相当的程度。

3.5.4 数、智、超以云为基础底座并在云上统一以服务形式呈现

以云计算为载体，融合大数据、人工智能、超算等新一代数字技术于一体的平台底座，是当前企业数字基础设施数字化转型发展的重要方向。云平台作为数字基础设施的基座，要从架构上更好地支撑更多场景，发挥统一平台、统一管理、统一运营的核心作用。

3.5.5 数据中心完全自动化管理开始"由点到面"

疫情等因素驱动企业加速在数据中心投资完全自动化管理技术，面向环境的远程监控功能以及部署和更新等服务成为趋势。未来几年，将有更多的数据中心部署自动化技术来运维数据中心；自动化将扩展到云环境自动化技术，开始处理从机架部署和交换到云化监控甚至环境安全的所有事情。HPE 发布的 OneView V7.x，提出"融合基础设施自动化"技术理念，提供物理设备到云化资源的全自动化部署能力；Ansible V2.1 增加了独立的自动化功能，可以在

混合云和边缘环境中大规模部署，同时将自动化深入应用程序开发生命周期。

3.5.6　开源成为技术创新和生态构建的主要途径

开源在技术创新、生态构建、效率提升、成本降低等方面的优势进一步凸显，成为各行业数字创新发展的主要途径。国内厂商对开源社区的重视程度正在提升。特别是以 CentOS 替代为目的，国内的阿里、华为、腾讯分别主导了 OpenAnolis、openEuler、OpenCloudOS 社区的建设，目前已经形成一定规模。但是与国际主流社区相比，国内社区仍然缺乏核心技术支撑及开源社区治理经验，在技术创新、社区运营等方面的能力有待提升。

3.5.7　云及数据安全新技术持续发展

近几年，各国围绕关键信息基础设施、密码、数据安全密集发布了一系列法规要求，保证产品自身以及相关数据安全已经成为基本要求。针对云应用场景、隐私或重要数据方面的安全威胁持续增加，围绕隐私和安全需求的新安全技术得到较快发展，包括国密算法应用、机器身份管理、区块链数据安全应用、零知识证明、差分隐私、同态加密、机密计算等。

3.5.8　无代码/低代码平台加速人工智能应用落地

数字化渗透进大众工作与生活的方方面面，软件应用的覆盖领域、内容细致程度要求日益增高，对软件企业、IT 人才、开发工具的需求进一步升级，企业级无代码开发平台应运而生。我国无代码/低代码起步较晚，但近两年在市场、疫情和资本的多重驱动下迈入了快速发展期，市场需求体量庞大，厂商纷纷入场，无代码/低代码开发技术的打磨与沉淀，开发平台生态体系及行业标准的逐渐完善，持续加速人工智能的深度应用。

第 4 章　我国热点亮点

本章重点介绍智能计算领域我国热点亮点，主要特征表现在芯片性能、场景、生态协同突破，操作系统、基础软件呈现多点创新，高效协同推动计算集群发展，与场景紧密结合计算模式兴起，如图 4.1 所示。

图 4.1　我国在智能计算的热点领域

4.1　计　算　芯　片

4.1.1　芯片需求持续扩张推动国产芯片向国际先进看齐

我国市场多样化需求拉动计算芯片市场发展。人类社会正加速从信息化、数字化时代迈向智能化时代，多样化的应用场景和智能计算需求对计算芯片的算力、能效、制造成本、研发周期等提出了更高的要求，计算芯片由此迎来新一轮发展热潮。从市场角度看，计算芯片主要面向科学计算、实时分析、5G 应用、人工智能、机器学习、金融、大数据和云计算等领域，主要应用设备为服务器、工作站、笔记本和 PC 等终端设备。过去十多年全球计算芯片市场总体保持了稳健的增长。根据 IDC 相关数据，2020 年，受全球互联网行业资本投入收缩和"新冠疫情"的影响，全球增速低于前五年平均水平；2021 年，更多的经济及社会活动由线下转移至线上，对于数据存储及运算能力提出了更高要求，市场需求开始恢复增长态势。对于中国而言，2020 年中国计算芯片市场增长速度高于全球平均水平；2021 年下游市场需求回暖以及国家加快 5G、工业互联网、大数据中心、人工智能等七大领域新型基础设施的建设进度，中国计算芯片市场需求比较旺盛。从技术角度看，计算芯片是计算机科学、微电子技术等多学科最新技术的结晶，代表着集成电路设计最高技术水平。全球计算芯片的主流发展态势和技术热点包括：先进半导体制程工艺、更高电路集成度、多核和众核技术、先进封装技术、可重构技术、硬件设计开源技术等等。目前，我国计算芯片在上述技术热点领域核心技术创新、高品质产品开发等方面保持良好发展态势。

部分国产通用计算芯片、专用计算芯片与国际先进水平看齐。在通用计算芯片(主要为 CPU、GPGPU)领域，从计算芯片的指令系统、逻辑设计、物理设计、加工工艺到封装测试，国内企业与国外先进水平的差距正在缩小。部分国内企业研发出了多款性能达到国际同类型主流计算芯片水平的产品，得到了国内重要领域用户的高度认可，开始广泛应用于电信、金融、交通等重要行业或领域。专用计算芯片(主要包括 ASIC、DSP、FPGA 等)主要应用在与物联网、车联网、人工智能等新兴计算领域，国内部分专用计算芯片已实现了对国际先进水平的赶超。部分国内企业掌握和突破了智能计算芯片指令集与微架构等一系列关键技术，赢得同行业的认可，开始广泛应用到消费电子、互联网、云计算等诸多场景。

芯片在行业应用场景上逐步实现技术突破，GPU 虚拟化技术成为热点领域。通常情况下，GPU 以物理卡的形式被单独占用导致 GPU 利用率下降，在行业落地应用时面临性能低、功耗大、利用率不高等问题。GPU 虚拟化技术完全解除了智能计算应用与物理 GPU 卡之间的独占绑定关系，从而显著提升了 GPU 利用率，降低了成本和功耗。例如，阿里云服务器 ECS 有效弥补了传统物理主机和 VPS 服务管理难、业务扩展性弱的缺陷，可以实现数据安全隔离；趋动科技基于完全自主知识产权的 GPU 池化技术，使相应的 GPU 池化软件在自动驾驶、金融、教育科研等行业场景应用时，降低 75% 以上的能耗。GPU 虚拟化技术为实现 AI 可持续发展、绿色数据中心、节能减排提供了新路径。

4.1.2 我国自研芯片在多领域实现技术与研发突破

国产芯片产业生态体系的建设对于我国智能计算产业的蓬勃发展具有至关重要的作用。2019 年以来，在国家信息技术应用创新工程的指导下，国产芯片产业链上下游的企业、高校、科研院所等优势单位，围绕国产计算芯片、国产计算平台、国产操作系统和国产应用软件，协同进行技术攻关，共同打造安全、好用、开放的产品与解决方案，并开展了测试认证、应用示范等系列活动，共建包容、繁荣的国产芯片产业生态体系。在信息技术应用创新推动下，国产计算芯片在政务、金融、电力、交通、电信等行业已经开始了大批量应用，应用落地不断提速。2021 年开始，基于国产 CPU 成立的生态合作联盟——光合组织，在国内广泛开展技术培训、方案孵化、应用示范、推广交流等系列活动，致力于打造自主国产计算芯片产业生态环境，得到了国内高校、科研院所和信息企业的踊跃响应。2022 年，中国电信陆续公告了运营商服务器集中采购项目中标结果，基于国产芯片的国产服务器市场份额首次超过 25%，取得了历史性突破，成为国产计算芯片产业发展史上的亮点事件。

智能计算成为芯片技术革新与应用落地的重点领域。AI 芯片作为一种新型计算芯片，相较于传统处理器，在智能计算应用领域具有超高性能功耗比和超高性能价格比，是人工智能算法实现的最优选择，在越来越多的智能计算场景中展现出广阔应用前景和旺盛生命力。AI 芯片发展趋势主要包括三个方面：一是低功耗 AI 芯片成为万物互联智能物联网时代的标配；二是面向通用人工智能的 AI 专用芯片崛起成为大趋势；三是类脑仿生芯片将持续扮演通用人工智能探路者角色。人工智能技术的快速兴起与普遍应用，为中国在人工智能专用芯片等新型处理器领域实现换道超车提供了绝佳历史机遇。以寒武纪为代表的国内人工智能专用芯片，率先在音视频数据流领域应用落地，对海量视频图像、音频大数据进行深度训练、优化推理，并实现了规模化商用。由于国际人工智能领域产业应用生态尚未构建技术垄断和技术壁垒，所以国内 AI 芯片企业与国外领先企业在该领域技术竞争中的先天差距并不大，迎来换道超车的历史发展机遇。基于新兴人工智能技术和应用市场，寒武纪等国内芯片企业能够在人工智能专用芯片领域率先实现突破，而且同步建立起自主 AI 芯片和应用的产业生态环境。伴随全球智能计算产业的蓬勃发展，人工智能算法与 AI 芯片逐渐深度融合、协同，人工智能专用芯片被公认为未来人工智能时代的战略制高点。2021 年底，采用通用 GPGPU 架构的海光 DCU 正式发布，成为首款国产通用架构的 AI 芯片，有望成为 2022 年国产 AI 芯片商用化的亮点。

4.1.3 我国自主指令系统架构步入新阶段

龙芯中科基于二十年的 CPU 研制和生态建设积累推出了龙芯指令系统(LoongArch)，包括基础架构部分和向量指令、虚拟化、二进制翻译等扩展部分，近 2000 条指令。龙芯指令系统从整个架构的顶层规划，到各部分的功能定义，再到细节上每条指令的编码、名称、含义，均在架构上进行自主重新设计，具有充分的自主性。龙芯架构在设计时充分考虑兼容生态需求，融合了各国际主流指令系统的主要功能特性，同时依托龙芯团队在二进制翻译方面十余年的技术积累创新，其不仅能够确保现有龙芯电脑上应用二进制的无损迁移，而且能够实现多种国际主流指令系统的高效二进制翻译。源自软件领域的开源模式已经扩展到硬件领域，包括计算芯片领域。基于开源指令集RISC-V 的开源芯片生态快速崛起，为我国突破国际巨头在高端计算芯片领域的技术垄断提供新的选择。中国在 RISC-V 开源芯片领域具备很好的技术储备，有机会成为 RISC-V 开源芯片领域的引领者。RISC-V 开源芯片处于起步阶段，构建相对完整的技术体系，并形成开源芯片生态仍面临诸多挑战。目前中国 RISC-V 产业联盟会员单位数量已达 147 家，并围绕 RISC-V 指令集推出了一系列优秀的 IP 核、芯片、系统、软件等，这将推动国产 RISC-V 芯片快速产业化落地和应用创新。2022 年，基于 RISC-V 指令集的开源芯片有望成为我国计算芯片产业发展的热点。

4.1.4　智能计算芯片加速实现规模化的国产替代

我国高端通用处理器(CPU)、高端通用协处理器(GPGPU)等计算芯片领域长期被国外产品垄断，严重危害了我国高端信息设备的产业安全和关键应用领域的信息安全。国外领先企业已经在高端计算芯片领域构建较高技术壁垒，我国计算芯片设计企业一直需要依靠欧美企业的 IP 授权和 IP 工具开展产品设计，一定程度地限制了我国在计算芯片领域的创新发展。另外，欧美企业对国内计算芯片设计企业肆意进行"制裁"，我国相关芯片设计企业面临严峻的"卡脖子"挑战和潜在的"断供"风险。相关"制裁"和"断供"威胁极大地激发了国内计算芯片设计企业自主创新的热情。以华为海思、紫光展锐、百度、阿里巴巴、寒武纪、地平线、比特大陆等为代表的国产高端计算芯片设计企业励精图治、潜心发展，推出一系列全球领先的智能计算芯片。相比国际处理器巨头的产品，国产高端处理器在性能、产品规格上，已实现跟跑到齐跑的转换。一系列基于 14nm、7nm 先进工艺制程的国产高端计算芯片得到量产应用，国内智能计算芯片设计企业的实力显著增强，国产智能计算芯片设计企业规模效应和集群效应逐渐形成。随着 AI 应用热潮的到来，国内智能计算芯片设计企业受到资本市场的青睐，2021 年我国 AI 芯片相关企业注册量达到 13506 家，行业投资规模急速增长，金额超过 396 亿元。上海天数智芯正式发布基于通用 GPU 架构的 GPGPU 云端高端训练芯片 BI 及产品卡，其具备全方位生态兼容、高性能有效算力、自研指令集丰富、软硬件全栈支持、全自主知识产权的优势。2021 年 11 月，天数智芯全自研、国内首款云端 7nm GPGPU 产品卡"天垓 100"已正式进入量产环节，是国产 GPU 从实验室走向落地应用的重要标志。天垓 100 性能可与行业主流产品相匹敌，产品性能已经达到并满足人工智能、数据中心、服务器等领域的设计目标，并可实现低成本迁移。同年，寒武纪发布第三代云端 AI 芯片思源 370，该芯片采用 Chiplet 技术、7nm 工艺，集成 390 亿个晶体管，算力较上一代产品大幅提升，可达 256TOPS，目前寒武纪已成为少数系统掌握高端智能计算芯片研发、核心技术产品化的企业之一。

4.1.5　计算芯片 IP 芯片化

　　其一，摩尔定律难以为继，采用先进制程芯片的设计成本、复杂度大幅提升；同时，市场需求多样化，创新周期缩短，应用端对定制芯片的需求不断提升。Chiplet 是硅片级别的 IP 重用，将多个基于不同工艺节点、单独制造的小芯片封装到一颗芯片中，将不同种类、不同制造商、不同材料(Si/GaN/SiC/InP 等)的小芯片通过异质集成技术封装到一起，以水平互连和垂直互连的增量化实现更短的互连长度以及新的芯片架构，有望成为突破芯片设计成本以及灵活设计的关键技术，开始得到芯片设计企业的关注和青睐。基于 Chiplet 技术，芯片从单硅片集成转变为以多种方式集成，系统空间内的功能密度将持续增长，计算芯片有效实现 IP 芯片化。2022 年，计算芯片 IP 芯片化将成为计算芯片设计技术的热点。其二，为进一步提升计算芯片的性能，在单核心性能持续提升的同时，计算芯片集成的核心数量也将逐步增加。为了降低系统设计的复杂性，计算芯片开始集成多种多个外设控制器。为了解决内存墙问题，主流计算芯片已经支持访存性能更高的 DDR5 SDRAM；为了提高计算芯片的 I/O 性能，主流计算芯片的 PCIe 总线接口已经支持 32Gbit/s 的 Gen5，USB 总线已经升级到 10Gbit/s、20Gbit/s 甚至 40Gbit/s。这些举措可以有效应对计算芯片设计复杂度不断提高，性能持续提升所带来的技术挑战。

4.1.6 加强核心技术理论突破与先进技术创新

计算芯片是信息产业的基础与核心，决定着一个国家的技术水平和竞争实力。计算芯片也成为当前我国发展最迅速、竞争最激烈的产业，当前智能计算的快速发展，增加了对计算芯片的需求。然而，我国芯片产业与国际先进水平仍有较大差距，关键技术受制于人，西方国家将国内多家芯片企业与研究机构列入实体名单，通过技术、供应链封锁方式限制我国芯片产业发展。因此，我国必须加快脚步，通过政策引导与市场需求驱动，促进国产计算芯片相关的技术、产业、应用、合作及人才等多方面的发展。

一是加强自主核心技术攻关，推动国内计算芯片技术产业发展。依托国内市场优势和企业成长潜力，针对我国个性化应用需求，加大对计算芯片技术和产品的研发投入。加强国家科研项目对计算芯片领域的项目、课题设置和科研投入，部署安全可控计算芯片关键核心技术攻关任务。鼓励科研院所及企业加强对指令集系统结构、芯片体系架构创新的重视，持续加大对 CPU、GPU、FPGA、领域定制化专用计算芯片以及芯粒等核心技术的研发投入，多方位一体化提升智能计算芯片的研发水平。

二是促进芯片产业链均衡发展，加快建设自主的计算芯片全产业链。鼓励龙头企业牵头，开展国产计算芯片使能技术研究，推动安全可控计算芯片配套软硬件系统的研发工作。以应用市场需求为驱动，整合各类专项资金，引导和带动社会资本，加大对计算芯片设计、制造、封测、应用等全产业链研发投入，积极支持计算芯片设计企业借助资本市场力量，获得企业快速、规范发展，在国内形成计算芯片设计头部企业集群。大力支持自主计算芯片产业化和商业化。外部国际环境变化莫测，为我国信息产业安全敲响了警钟，国内的科技界、企业界需要随时做好"断供"的底线思维，要做充分的思想和产业准备。鼓励建立应用需求牵引、研用融合促进的核心技术体系，形成研发、应用、纠错、完善的体系化迭代创新模式，实现研发与应用的协同迭代效应，促进芯片产业生态全面均衡发展。

三是培养高端芯片创新创业人才。打破学科专业壁垒，加快产学研融合协同，培养复合型创新创业人才，打造高

端引进人才的发展平台，利用当前国际形势吸引海外高端
芯片创新创业人才回流；积极开展产学研合作和国际交流，
打造更加便利的先进技术吸收平台，学习和引进国际芯片
研发与制造的先进技术，并在充分吸收消化基础上实现再
创新；整合产学研优势单位，构建国产计算芯片技术和产
业联盟，形成命运共同体；大力发展自主计算芯片设计的
开源社区，掌握芯片设计开源生态技术标准的话语权；引
导产业资源，积极推动国产计算芯片的产业生态环境建设。

4.2　操作系统/基础软件

4.2.1　面向人网物融合场景的多端融合操作系统探索发展

新型硬件、计算模式等推动软件架构变革，催生了面
向人机物融合场景的多端融合操作系统。第一，硬件发展
促进了操作系统架构的不断演化。近年来，处理器、存储
器件、网络互联设备等硬件技术快速发展，同时，众核处
理器、FPGA/GPU 加速硬件、基于 TrustZone/SGX 等硬件
隔离的 SOC、非易失内存等一系列具有新架构和新特征的
硬件取得重大突破。硬件的更新换代促使操作系统架构及
机制的迭代升级。例如，多核与多芯片计算机系统中非一
致性内存访问架构难以适用于传统基于页的虚存系统；非
易失性内存的应用使得内存中的某些数据无须存储到硬
盘，其在为操作系统带来性能优化空间的同时，也对传统
类 POSIX 文件系统架构带来挑战。因此，充分利用新型硬
件技术的特点和优势，实现操作系统的软硬协同架构设计，
成为克服和解决轻量、安全、可靠与高效之间矛盾的有效

手段。第二，5G 时代人机物融合场景下，多端融合操作系统需求日益突出。地理分散的多种硬件计算平台、传感器、基础设施等分布在不同的云、端、边缘节点并互联互通，形成了人机物融合的新型计算模式。该计算模式动态多变，应用需求呈现多样化、复杂化特点，各类软硬件以及数据等资源需相互协调配合，以支持动态适配、感知交互以及多平台贯通与无缝衔接。

当前，人机物融合泛在计算的新时代正在开启，在新兴的泛在操作系统方面，操作系统支持方便地构造可感知环境、泛在互联、多维认知、自然交互的应用，对数据、知识、智能和安全支持更好的程序设计模型、语言与运行机制。2021 年北京大学面向工业物联场景发布了 XiUOS，可以管理不同应用场景下的泛在异构资源(物联网嵌入式设备、移动设备)，能够智能地识别、感知和控制复杂多样的工业生产实体。

4.2.2　新型操作系统呈现多样化发展趋势

高带宽、高网速的 5G 互联网等技术为新一代操作系统提供了必要条件；云计算、边缘计算、物联网、智能化、量子计算等新型计算模式催生了面向各类定制化应用场景的新型操作系统产品。第一，国内云计算相关领域企业纷纷推出支持大规模分布式资源管理的云操作系统/云平台。不同企业面向的应用场景不同，导致云操作系统在功能上侧重点不同，性能、服务价格也存在一定差异。如阿里云的飞天、腾讯云的 TencentOS，发挥平台优势、不断改进产品、提升服务质量，在云产品中市场份额占有率名列前茅。

第二，低能耗、数据实时处理需求迫切，面向 IoT 及边缘设备，物联网及边缘计算操作系统得到快速发展。物联网的核心是各种硬件设备连接到互联网。例如，智能汽车的车载操作系统成为目前物联网发展热点之一。边缘计算操作系统与传统的物联网设备上的实时操作系统不同，更倾向于对数据、计算任务和计算资源的管理。第三，支持友好用户体验及新型交互模式的智能终端操作系统得到广泛使用，尤其是基于安卓系统的智能终端操作系统近年来得到快速发展。根据 Statcounter 数据，截至 2021 年 7 月，全球手机操作系统市场中，Android 市场占有率为 72.27%，iOS 市场占有率为 26.95%，分别位列第一和第二。第四，面向量子计算的操作系统蓬勃发展。2021 年 2 月，我国首款国产量子计算机操作系统"本源司南"正式发布。该系统实现了量子资源系统化管理、量子计算任务并行化执行以及量子芯片自动化校准，是连接量子与经典计算的重要接口。第五，为适应以网络为中心、云边端一体化的发展趋势，支持边、端用户通过智能化、多元化、网络化设备接入，无缝访问后端服务器集群或者大规模数据中心中的计算、存储和服务资源，形成了多端融合的发展格局。与此同时，国内云边端协同计算也在快速发展，例如，百度工业互联网智能边缘计算方案 OpenEdge、阿里云云边一体化平台 ACK Edge Kubernetes。从技术分析角度来看，目前边云协同平台仅提供了基本的边云协同机制，距离真正实现云边端协同的系统软件还存较大差距，缺乏云边端协同的网络通信优化方法，以及云边端统一的设备管理。此外，云边端协同平台在协同计算统一框架、软硬件敏捷设计、芯粒结构以及系统软件等诸多方面仍然具有广阔的发展空间。第六，云原生技术的渗透率快速攀升，容器技术正在重构 IT 架构，虚拟化和容器并存融合演进。浪潮云海 OS 具备虚拟化和容器资源统一管理的能力，采用 HELM 编排技术以 K8s 为底座支撑控制平面高可用运行，采用 ClusterAPI 技术自动化供给 K8s 集群基础设施，在虚拟化资源池上提供共享型/独享型容器集群，实现 K8s on OpenStack 方向的融合演进，并在安全容器、虚拟化容器资源同质化调度方面进行积极探索，加速虚拟化和容器资源的融合。

4.2.3 深度学习大规模应用开发部署能力与模型构建成为亮点

深度学习框架不仅要支持科研实验，更要在 AI 产业应用中发挥支撑作用。产业链上不同环节的参与者在使用 AI 框架时，会对框架特性提出更多的需求。为了实现对大规模 AI 科学研究和产业应用的有效支撑和产业化落地，AI 框架需要解决从开发、训练到推理部署等很多环节的工程问题，在产业应用全流程支撑层面，企业在实际业务场景中除了需要解决数据处理复杂，建模难、算法选择难等问题外，还要着重解决软硬件协同调试难、部署难等问题。深度学习框架需要重视处理算法开发训练之外整个生产流程其他环节的功能增强和易用提升。在核心框架基础之上，提供软硬一体的全栈 AI 能力，是面向领域场景打造一系列端到端的全流程开发能力的有效路径。截至 2021 年底，百度飞桨开发者社区已经凝聚 406 万开发者，服务 15.7 万家企业, 开发者在飞桨上创建 47.6 万个模型。在模型构建上, 2021 年 12 月, 百度飞桨联合鹏城实验室发布知识增强大模型鹏城-百度 Ernie 3.0 Titan, 有效实现机器阅读理解、文本分类、语义相似度计算等 60 多项任务。在 2021 年 9 月, 浪潮人工智能研究院发布的"源 1.0"大模型, 刷新了中文自然语言评测 CLUE 的零样本学习和小样本学习两个榜单的最高精度, 在成语阅读理解任务上的精度超过人类水平。"源 1.0"通过自研海量数据清洗平台, 构建了高达 5TB 的中文高质量数据集。在 2021 年 10 月的人工智能计算大会 (AICC 2021)上, "源 1.0"的 API 正式对外开放申请, 训练代码及高质量数据集也在网上开源。"源 1.0"的开源开放有效促进了国内人工智能研究机构、企业、个人开发者在大模型领域的探索, 并已在虚拟人、智能客服、智能写作等领域落地应用。紫东太初是基于 MindSpore 框架构建的图文音三模态、千亿级参数预训练大模型, 具备跨模态理解与跨模态生成能力。武汉大学运用 MindSpore 打造了专用深度学习遥感框架 LuojiaNet, 实现大规模卫星遥感影像的智能遥感解译。

4.2.4　人工智能技术实现与热点行业场景的深度融合

人工智能模型走向智能化与多样化, 在行业细分场景中得到有效应用。其一是与医学行业融合, 实现医疗多场景渗透。当前, 智能医疗被广泛应用于电子病历、影像诊断、远程诊断、医疗机器人、新药研发和基因测序等场景, 成为影响医疗行业发展、提升医疗服务水平的重要因素。目前我国 AI 医疗市场处于发展初期, 但规模高速增长。一是实现精准医疗，使用 AI 算法辅助解决制药、研发等领域医疗问题成为新的研究热点，国内外已经开始了大量的科研工作和工业落地尝试。百度基于飞桨框架开发的生物计算平台螺旋桨(PaddleHelix)，通过 AI 辅助生物计算，满足新药研发、疫苗设计、精准医疗场景的 AI 需求。二是 AI 医学影像规模大幅扩张。医学影像数据几乎占据临床数据 90%，是临床诊断和疾病治疗的基石。AI 视觉领域技术成熟，AI 医学影像成为了医疗 AI 领域占比最大的组成部分。AI 医学影像通过 AI 辅助人工阅片，帮助医生进行相关疾病的临床诊断和早期筛查。2021 年中国 AI 医学影像市场规模约为 5.14 亿元，预计 2023 年可达到 17.53 亿元，年复合增长率超过 80%。三是数字疗法开始崭露头角。数字疗法(Digital Therapeutics，DTx)是 2021 年最新兴的医疗细分赛道。数字疗法是由软件程序驱动，以循证医学为基础的干预方案，用以预防、治疗或管理疾病，可以单独使用，也可以与药物、医疗器械或其他疗法配合使用。数字疗法产品在自闭症、睡眠，成瘾类疾病，以及阿尔兹海默症这类传统打针吃药和手术疗法等收效甚微的疾病上可能有所突破。国际已有相对成熟的技术和产品。国内数字疗法已处于兴起阶段，是 AI 医疗领域重要的新赛道。其二，自动驾驶出租车加速落地，成为智能交通产业热点。2021 年，各自动驾驶厂商争相入局带有"共享出行+自动驾驶"双重光环的 Robotaxi(自动驾驶出租车)业务，其中包括 Waymo、百度等行业科技巨头，小马智行、文远知行等自动驾驶解决方案提供商，滴滴出行等出行服务公司，以及特斯拉、Cruise(通用汽车子公司)等整车企业。要实现取消安全员的

Robotaxi 全无人驾驶出租车,其自动驾驶等级必须在 L4 级以上,技术难度高,落地难度大,但因其独特的商业模式和可观的单位利润,市场空间巨大,各方参与者纷纷入局,比拼运营规模与测试里程这些核心竞争力。百度"萝卜快跑"Robotaxi 业务已在北京、重庆、阳泉三地开始商业化收费运营服务,并在北京亦庄率先上线了数字人民币支付功能,实现自动驾驶与数字货币的首次结合。其三,智能交互技术不断演进,数字人成为亮点。当前,虚拟数字人在客服、传播、营销、社交等领域的价值正在得到广泛认可。2021 年 6 月 1 日,由北京智源人工智能研究院领衔研发的数字人"华智冰"在北京正式亮相并进入清华大学计算机科学与技术系知识工程实验室学习。该数字人拥有持续的学习能力,可以作诗、作画、创作音乐,还具有一定的推理和情感交互的能力。百度依托自身全栈 AI 技术研发的虚拟人"度晓晓",整合了多模态交互技术、3D 数字人建模、机器翻译、语音识别、自然语言理解等多项技术。实现了聊天交互、新闻播报,并能够自主学习,快速补充海量新词、热词等。在 2022 年的"两会"中,作为"AI 记者"的"度晓晓",第一时间传递最新"两会"快讯,内容输出质量不逊于专业主播记者。

4.2.5 智算中心操作系统成为企业实现 AI 应用的载体

生态构建方面,智算中心操作系统围绕多元算力、异构计算、新型存储介质进行异构算力融合,云原生技术的快速发展,正在加速促进智算中心操作系统虚拟化和容器的融合演进,支撑稳态、敏态业务运行。一方面,云计算算力分布从集中式数据中心向边缘数据中心扩展，以及智算中心操作系统的延续性建设，催生云边协同、多云、混合云需求。以云计算为载体，融合大数据、人工智能、超算等新一代数字技术于一体的平台底座，是当前基础设施数字化转型发展的重要方向。另一方面，人工智能技术蓬勃发展的同时也促使智算中心操作系统的运维向自动化、智能化方向发展。从行业应用来说，云资源的统一管理、资源数据隔离模式，产生了去中心化的 AI 服务生产与应用模式，这种模式助力企业用户便捷地获取行业应用，实现 AI 转型活动快速部署与应用；智算中心操作系统通过提供算力、算法与服务绑定的整体解决方案，简化单一算力售卖模式，标准化人工智能的能力获取，更有助于为大量用户提供标准化服务方案。在芯片适配方面，智算中心操作系统通过对异构加速芯片的对接、编译优化，支持包括 GPU 加速卡在内的各类异构芯片，适配更广泛；通过自主研发调度算子、优化调度策略，能够支持显存级资源调度、跨服务器算力调度与大规模分布式训练加速，实现了极强的算力调度能力；通过预置算子、算法模板、自动建模工具、行业应用方案，智算中心操作系统在 AI 能力构建层面具有更大的自由度与更高的易用性；围绕智算中心操作系统，各厂商分别构建了应用市场、技术论坛、竞赛培训等技术生态平台，推广智算中心算力与操作系统的使用。

　　智算中心操作系统规模化应用，支撑算力基建化快速发展。成都智算中心、南京智能计算中心、昆山智算中心等八大国家智算中心建设稳步推进，将算力调度管理与 AI 研发创新同步进行整体规划，通过智算中心操作系统对软硬件进行统一管理，为 AI 研发部署提供平台支持，落地了一批可输出 AI 业务价值的智算中心。由浪潮建设的南京智算中心已经上线运行一年有余，算力规模可以实现 1 小时完成 100 亿幅图像处理、300 万小时的语音翻译、1 万公里的自动驾驶数据的处理，已经为 55 家单位提供了服务，覆盖了包括智能制造、气象监测和智慧交通等 13 个行业，有力地保障了冬奥会期间的赛区气象监测服务。新落地的各智算中心通过部署人工智能业务平台与人工智能基础模型的方式，从输出算力资源向基于算力基础设施构建与输出人工智能能力的方向稳步发展，体现了算力基建化的快速发展趋势。

智能计算中心快速发展提升跨域协同计算需求。据 IDC 统计，2021 年上半年中国 AI 芯片中，GPU 依然是实现数据中心加速的首选，占 90% 以上的市场份额，而 ASIC、FPGA、NPU 等其他非 GPU 芯片也在各个行业和领域被越来越多地采用，整体市场份额接近 10%，预计到 2025 年其占比将超过 20%。智能计算中心符合中国当前社会经济发展阶段和转型需求，是促进 AI 产业化和产业 AI 化的重要引擎。2019 年 11 月，华为与鹏城实验室在深圳共同发布鹏城云脑Ⅱ，支撑诸如自然语言、自动驾驶、智慧交通、智慧医疗等 AI 领域的基础研究和探索。大型智算中心的投入运行，为 AI 端设备提供强大的算力支撑。多级算力共存是智算中心发展的必然选择，多级算力之间合理的分配与灵活调度、边缘端与智算中心之间的算力协同需求也随之提升，算力跨域调度机制与计算资源的精准管理逐渐成为迫切需求。

4.2.6　加强智算中心操作系统技术突破与生态建设

一是强化智算中心操作系统关键技术创新能力发展。加强智算中心操作系统在多元算力、异构计算、新型存储介质等方面的异构算力融合，以云原生技术为基础加速虚拟化和容器技术的融合演进。加速云操作系统迭代升级，并融合大数据、人工智能等先进技术扩展大数据平台，突破高性能数据采集、高容量存储、海量信息处理、异构数据管理、存算一体等关键技术；提供人工智能算法库、工具集、新型机器学习、生物特征识别、自然语言理解、新型人机交互、智能控制与决策等人工智能相关的产品与服务，形成软件定义计算、软件定义存储、软件定义网络的体系架构和应用范式。

二是完善协同共享智算中心操作系统产业生态。基于新一代软件融合应用基础设施平台，协同研发行业专用系统软件产品。进一步细化软件研发共性需求，建设基本求解算法库、组件库、通用模型库，推动基础资源开放共享。大力发展云计算、大数据、人工智能等新兴平台软件开发框架。建立智算中心产业的标准制定和协同推进机制，推进标准宣贯和应用示范。

三是加快智算中心操作系统应用落地。加强企业、科研院所产学研用，通过建设软件产业创新平台，布局重点工程攻关，加速推进创新成果产业化。鼓励企业参与智算中心算力基建化和算法基建化建设，推进云操作系统向智算中心操作系统方向迭代升级，引导人工智能业务上云，提升人工智能算法服务质量，加速行业智能构建，推动业务的智能化转型升级。

四是鼓励智算中心操作系统开源发展。培育重点开源项目，特别是在云计算、大数据、人工智能、操作系统等领域，支持重点企业部署一批基础性、前瞻性的开源项目。建设优秀的开源社区，围绕重点开源项目，建立友好的开发者参与机制，持续建设发展开源社区。提升开源治理能力，鼓励社会资本建立开源软件基金会，研究制定符合中国法律法规的开源协议。积极参与全球开源治理，将国内优秀项目推广至海外，提升国际影响力。

4.3　计　算　平　台

4.3.1　我国在计算平台建设的能力和技术储备达世界领先水平

在计算平台建设领域，我国在软硬件方面均面临大量技术挑战。例如，硬件方面，计算平台需要集成更先进的存储技术以提高容量和带宽，根据应用场景研发更节能的架构、电源和冷却技术以提高数据运算和数据流动的效率等；软件方面，需要根据不同的使用场景，开发高可扩展性的系统软件、适用于大规模并行处理的编程环境以及更高生产力的数据管理软件等。

为突破上述的诸多挑战，我国进行了大量富有成效的探索和实践。从宏观来看，我国总算力规模持续高速扩大。2020 年我国总算力规模达到 135EFLOPS，全球占比约31%，增长率约为 55%，高于全球平均增长率约 16%。从算力服务来看，国家超级计算服务网络已接入天津、广州、深圳、长沙、济南、无锡、郑州和昆山 8 个国家超算中心；

上海、广州、济南等人工智能产业集聚区通过联合华为、商汤、浪潮等头部企业，通过政企合作的方式推进各类计算中心落地。武汉人工智能计算中心项目规划百 P 级算力规模，已于 2021 年上线；商汤科技上海新一代人工智能计算与赋能平台也在 2021 年投入运行，平台能同时满足 4 个超大规模城市使用，提供 850 万路视频接入能力。政企合作、产学研结合等各类模式，在商业、教育、政策等多个方面为计算平台的发展和落地提供了全方位的保障。

在传统高性能计算领域中最前沿的 E 级超算方面，我国目前也具有可靠和领先的研发和部署。由江南计算技术研究所、国防科技大学和中科曙光分别主导研制的神威、天河、曙光三台 E 级超算原型机系统三线并进，并且许多核心软硬件设备实现了中国制造。神威系统采用了国产申威众核处理器、自研网络芯片组和液冷散热模式；天河则集成了飞腾 ARM 架构 FT-2000 芯片和 128 核 DSP 芯片，选用 400GB/s 的光电集成高速互联架构和水风冷混合靶向式散热技术；曙光采用海光 X86 处理器与自研 DCU 加速器的异构计算架构，并搭载 200GB/s 带宽的 6D-Tours 高维层次化网络系统，采用全浸式相变冷却散热技术。对于这些超大规模计算平台和以后更高性能的计算机，我国跨越了能耗、访存、通信、可靠性和应用性等多个门槛，更加重视颠覆性器件和变革性系统结构的基础研究，并且超算的发展在技术更新驱动和技术牵引之间取得了良好的平衡。

相比于计算平台算力的发展，在倡导减碳节能的新时代，必须重点关注的另一个目标是 PUE(Power Usage Effectiveness)。在这方面，我国的计算平台仍需砥砺前行，不仅要及时与美国硅图公司、日本电气股份有限公司和英伟达等能效优秀的前沿厂商合作共赢，也需要强化自身在相关软硬件基础、核心关键技术的话语权，兼顾性能与节能，顺应减碳节能的时代潮流，多方面增强我国在这一领域的竞争力。

4.3.2 我国自研计算系统性能显著提升并实现多线应用

建设领先和可靠的国家智能计算算力网络体系的核心是超算技术。作为信息时代先进生产力的代表，超算技术也是全球多国共同关注的战略性前沿技术，也是我国信息技术领域重点研发方向之一，在严峻的国际大环境下取得了一系列世界领先的成绩。

一是自主可控的超算顶尖算力的支撑能力大幅度强化，我国取得了一系列国际公认的突破性成果。2021 年 7 月发布的国际 Graph 500 排名中，由国防科技大学研制的"天河"E 级计算机关键技术验证系统，获得了 SSSP Graph 500(单源最短路径)和 BIG Data Green Graph500(大数据图计算能效)的双榜第一；"天河"E 级验证系统在实用好用、高效节能的两项关键评测中排名第一。"鹏城云脑 II"获得超算存储 500 强(IO500)以及人工智能算力性能排行 AIPerf 500 第一。2021 年 11 月，人工智能大科学装置"鹏城云脑 II"在最新一期 IO 500 列表中，蝉联全系统输入输出和 10 节点规模系统两项第一，同月，在最新一期 AIPerf 500 列表中，蝉联 AIPerf 得分榜首。

二是超算的多元化应用和产业链深度结合取得了丰硕的成果。"天河"超算系统不仅实现了硬件与软件完全自主化，其应用领域也从传统科学工程计算向大数据处理能力与智能计算能力拓展，为我国人工智能和大数据处理等需求提供风险可控的支撑。"鹏城云脑Ⅱ"以 Atlas 900 AI 集群为底座，采用"鲲鹏 920+昇腾 910"的 CPU+AI 加速芯片组合，安装银河麒麟服务器操作系统、清华大学研发的超算缓存文件系统 Mad FS，已逐步推广用于计算机视觉、自然语言处理等算法场景，以及自动驾驶、智慧交通、智慧医疗等行业应用的相关基础性研究与探索。国家超级计算天津中心支撑解决世界科技前沿、经济主战场、国家重大需求、人民生命健康领域的重大挑战性问题的计算需求。超算已经成为信息社会良好运行的不可或缺的数字基石，有效支撑我国的数字经济高质量的发展、企业数字化转型和人民生活方式的变革。特别是在疫情影响的当下，各类计算中心已经成为我国当前最具活力、创新力和辐射最广泛的信息基础设施。

4.3.3　超大规模数据中心建设与 10E 量级的计算平台协同发展

一是加快建设智能计算相关基础设施。通过统筹布局国家枢纽节点，因地制宜地建设、运营和调度东西部超大规模数据中心，实现数据中心集群"紧耦合"发展，充分利用各地的区域优势，为建设和发展数据中心提供能源、人才资源、土地资源等多方面的保障。利用重点地区的产业和教育资源，加强我国重点地区的新型数据中心集群研发，实现现有成熟数据中心方案的持续落地和未来新型超大规模数据中心的稳步推进，提升我国智能计算算力枢纽节点的建设能力与利用效率。

二是开展下一代数据中心架构研究，满足未来数字化生产的新型算力需求。重点关注数据中心的基础和关键技术，以普适性强、应用领域广的计算芯片、系统软件为切入点，通过政企合资、校企合作等传统优势，发展低碳高效的多元化的软硬件系统，积极探索和突破现有数据中心中异构芯片之间的硬件过度耦合与软件统筹不协调的问题，在互通互联等关键共性技术方面加快产业生态及标准建设，构建下一代分布式多擎智能计算的算力中心。

三是加速 10E 量级计算平台及其相关技术研发，促进应用软件落地与再创新。10E 量级计算平台作为下一代高性能计算的突破节点，其高性能和高能耗比必然要求在体系结构等软硬件方面都有持续且可靠的创新。硬件方面，齐头并进地研发基于自主处理器/加速器的计算节点、高能效超导加速计算节点、高带宽低时延存储系统、高速光电互连网络、超大容量与超高 I/O 带宽、高效供电冷却等关键技术；软件方面，制定软硬结合的系统容错、节能减排的标准方案，研发自主可控的大规模并行操作系统、编译器等基础软件，开发适合 10E 量级计算平台的基础算法库、基础应用软件库、大规模并行计算模型和应用软件，最终形成高效可靠的支撑大数据与人工智能的超高性能计算平台。在逐步完善新一代 10E 量级高性能计算平台的同时，引导推动新一代计算应用软件在 IT 业、制造业等行业的有效应用，建立面向应用开发的计算软件生态，鼓励龙头企业软件开源、探索新的标准制定和商业孵化，进一步完善和丰富国产计算应用生态环境。

　　四是研发依托于国家超级计算基础设施的领域应用平台。通过建立和推广具有金字塔层次结构和全局调度能力的国家智能计算基础设施，围绕生物安全、数据分析与计算、大飞机优化设计、能源开发、新材料设计、工业制造等重点行业和关键领域，辅以政策和产业供需支持，研发对应领域的创新应用平台并持续推动落地，形成良好的商业应用环境，提高国家智能计算基础设施的应用服务能力。

4.4　计 算 模 式

4.4.1　"端边云网智"融合的计算模式处于发展初期

　　在国家大力发展新基建的浪潮下，云计算逐步从中心向边缘延伸。随着 5G 时代的来临，为了满足"边缘赋能"典型场景下更广连接、更低时延、更好控制等需求，云计算正在向一种更加全局化的分布式组合模式进阶，分布式云成为发展新模式。云边协同作为分布式云发展的重要核心，搭建起数字经济时代下云计算与各行业融合发展的桥梁。为响应国家号召和战略部署，完善云边协同产业的标准体系，推进方案应用落地，2021 年 5 月，云边协同产业方阵启动会在中国信息通信研究院成功举办，并且发布了国内首个分布式云和云边协同标准体系。云计算经过十余年的发展已经从概念导入期进入到了应用活跃、生态繁荣的全新阶段，成为新型基础设施建设的重要组成部分和企业数字化转型的有力抓手。云计算架构正在不断从中心向边缘延伸，云边协同是满足数字化新时代更高算力需求的关键支撑力量。中国信通院云边协同产业方阵项目计划将进一步凝聚产业共识，汇聚各方智慧，激发创新活力。

目前，"端边云网智"的融合计算模式正处于快速发展阶段，并以场景为导向有了初步的落地应用，但是"端边云网智"的融合计算模式仍然面临着诸多问题和挑战。一是存在部署成本高、产出衡量难、需求不刚性的问题。融合计算的商业化应用时间不长，从投入产出的角度来看，边缘云对于多数场景尚属于体验升级型需求，其部署成本相对较高，产出效果不易衡量或在短期内不可见。二是融合计算产业碎片化，需推动硬件标准建设及软硬件解耦。边缘侧环境复杂，边缘硬件的计算、网络、存储资源通常会基于业务场景进行深度定制。计算平台需兼容异构的边缘设备，并进行统一的管理和运用。三是中心云与边缘云在应用、服务、资源协同方面存在挑战。中心云与边缘云根据自身特性提供不同的服务能力，两者协同才能最大化融合计算的价值。但云边协同在应用协同、服务协同和资源协同等方面存在诸多挑战，需要相关技术和标准的支撑。四是海量、异构、分布式等特征使得边缘节点更易受到攻击。边缘节点数据的分散性也使得攻击者可利用的接触点数据增多，安全攻击容易蔓延到整个网络。应用对实时性要求极高，传统的安全手段无法很好地适应边缘侧的安全需求。

4.4.2　边缘计算业务下沉

阿里云将边缘计算作为云计算体系的一部分进行规划和设计，发布的边缘节点服务(ENS)，将计算、转发等业务下沉至连接用户的最后 10 公里，降低了时延和成本。浪潮边缘计算平台(IECP)能够对异构边缘设备进行可视化管理，提供资源管理、离线自治、云边协同、设备管理、固件升级、硬件配置、系统安装、软件分发、配置变更、设备远程操作等全生命周期的管理能力，所有操作支持一站式完成，无人值守，有效提高运维效率、降低运维成本。边缘计算加人工智能有效地加速体育产业的数字化转型，并助力企业实现安全生产监管过程的智能化升级。借力北京冬奥会，阿里云、腾讯云、百度智能云、京东物流、联通等科技巨头将大量的"黑科技"搬到台前，AI 裁判、计算机视觉等成为赛事的重要组成部分，带动相关技术的成熟发展，以及产业的落地应用，并驱动数字经济向纵深发展。融合边缘计算、AI 智能检测和视频监控技术，构建基于边缘计算的软硬件智能化服务平台，提高了视频监控应用在行业多场景下的智能分析与处理能力。

4.4.3　图计算实现技术突破并取得多项创新成果

华中科技大学研发出图计算机 DepGraph，可以有效地规则化和加快图顶点状态传递、解耦合数据依赖、保证高效的联合数据访问和负载均衡，使得上层图算法能够充分利用底层并行计算资源。该计算机在 2021 年 11 月国际超级计算大会 Green Graph 500 排名中，性能功耗比斩获全球第一，达到 6234.32MTEPS/W；同时在 Graph 500 排名中，单机性能斩获全球第一，对于 SSSP 和 BFS 两个典型图算法分别达到 884.361GTEPS 和 997.491GTEPS。华中科技大学研发出国际上首个面向并发图分析任务的高性能图计算系统——云图，在给定硬件平台上，显著提升现有图算法

性能 2000 余倍。在保证算法精度 90%的前提下，性能远优
于谷歌、脸书、阿里、腾讯等国内外主流方案，在 2021 年
10 月第七届中国国际"互联网+"大学生创新创业大赛产
业赛道全国总决赛中，该系统以第一名的成绩荣获金奖。
蚂蚁集团联合清华大学自主研发出业内首个在大规模图上
提供实时服务的图计算平台 TuGraph，为蚂蚁集团提供了
业界领先的实时和时序大规模图分析能力，具备毫秒级处
理延时，是国际标准图数据库基准测试 LDBC-SNB 的世界
纪录保持者。TuGraph 已被成熟应用于蚂蚁集团的支付和
数字金融场景中，为风控、反洗钱、反套现和社交网络应
用提供了稳定的决策支持能力。其中，支付宝的风险识别
能力提升了近 100 倍，风险审理分析效率提升 90%。
TuGraph 也已向社会开放，在金融、能源、互联网等领域落
地应用。

第 5 章 领域年度热词

热词 1：提示学习

基本定义：提示(Prompt)是指将下游任务的输入输出形式改造成预训练任务中的形式，本质是通过挖掘预训练语言模型的知识做下游任务。

应用水平：受到 GPT-3 的启发，提示学习成为自然语言处理研究的一种可行的新范式。其特点是基于语言模型的文本生成能力和下游任务特点，设计训练和推理策略。继 2021 年 7 月 *Pre-train, Prompt, and Predict* 综述发布后，国内工业界和学术界发布了大量提示学习相关的论文，主要在于三方面：低资源场景(少样本/零样本)、低算力场景(参数高效)以及统一场景(将多种问题统一成一套提示)。目前研究人员对使用提示学习来改进模型仍处于起步阶段，以后的提示学习将变得更加精细，例如，更长的指令、正面和反面的例子，以及通用的启发方法。

热词 2：图神经网络

基本定义：图神经网络是一种基于深度学习的方法，旨在对图形描述的数据进行推理。

应用水平：从小众研究领域转变为 AI 热门研究领域。近年来，图卷积网络(GCN)、图注意力网络(GAT)、图循环网络(GRN)等 GNN 的变体在许多深度学习任务上展示出了性能上的突破。在推荐系统、组合优化问题、计算机视觉、物理/化学、药物发现等领域有广泛的应用。但 GNN 在鲁棒性、可解释性、图预训练和复杂图结构等方面，仍有待进一步研究。

热词 3：计算生物学

基本定义：计算生物学指通过开发和应用数据分析及理论的方法、数学建模和计算机仿真技术等，对生物学、行为学和社会群体系统进行研究的一门学科。

应用水平：AlphaFold 2 在蛋白质结构预测领域的成果达到前所未有的高度，攻克了半个世纪悬而未解的难题，入选 *Nature* 和 *Science* 年度十大科技突破，被一些科学家誉为"人工智能对科学领域最大的一次贡献"，这开启了人工智能在计算生物学广泛应用的大门。作为智能计算的一个重要分支，计算生物学将在分子水平上大大促进生物化学、细胞生物学、遗传发育、神经生物学、微生物学、病理药理等一大批生命学科和研究领域的发展。

热词 4：云原生

基本定义：云原生是基于分布式部署和统一运管的分布式云，以容器、微服务、DevOps 等技术为基础建立的一套云技术产品体系。

应用水平：目前云原生底层核心技术趋于成熟，细分领域的衍生技术呈井喷式爆发，带来了架构、效能和效益的红利，推动了用户云的原生化改造。同时，云原生技术也降低了技术门槛，深化交叉集成，推动了云数智深层次融合，成为云上数据产品的技术底座。但是随着采用云原生架构的生产集群规模显著提升，规模化应用带来的安全、性能和可靠性等问题仍需考虑。

热点 5：软件定义

基本定义：所谓软件定义是指用软件去定义系统的功能，用软件给硬件赋能，实现系统运行效率和能量效率最大化。软件定义的本质是在硬件资源数字化、标准化的基础上，通过软件编程去实现虚拟化、灵活、多样和定制化的功能，对外提供客户化的专用智能化、定制化的服务，实现应用软件与硬件的深度融合。

应用水平：当前的软件定义可以实现对数据中心基础设施计算、存储、网络、安全等硬件资源的灵活可定义，但是智能化水平不足，软件定义概念正在"泛化"，将实现从单一资源的按需管控到全网资源的互连互通的跃变，支持纵向全栈式、横向一体化的多维资源按需可编程，最终形成面向人机物融合应用的基础设施架构。

热词 6：多模态自监督训练

基本定义：处理和理解多元模态信息，利用辅助任务从大规模无监督数据中挖掘自身监督信息，进行模型训练。

应用水平：AI 模型训练经历了从监督学习到单模态自监督学习，再到多模态自监督学习的发展，在多模态自监督学习阶段，模型将拥有多维感知的能力，以及基于多维感知之上对各种特征之间关系的刻画及理解。多模态自监督学习技术应用于 AI 基础模型研究与构建领域，加速了巨量 AI 基础模型的快速涌现。在下一个阶段，算法模型将进入与物理世界交互式的超模态主动学习阶段。与多模态相比，信息更加丰富，既包含了人类触觉、听觉、视觉、嗅觉之内的数据，也包含了在人类感知之外的传感器数据，我们将此定义为超模态。在这一阶段，算法模型通过与物理世界的交互,学习到客观规律,并逐步具备认知智能能力。

热词 7:近似计算

基本定义:近似计算是一种在质量与资源、能耗存储之间进行权衡的计算模式。

应用水平:近似计算技术已应用于 AI 加速芯片、近似算术单元处理器、高效 AI 系统设计。但仍存在诸多根本问题有待解决,例如,针对近似计算技术通用的数据质量分析、评价理论,通用的误差传播模型与理论,支持多种近似技术的高效近似程序转化工具,针对具体应用的近似计算与容错软硬件协同一体化设计技术等问题。

热词 8:DPU

基本定义:DPU 是以数据为中心构造的专用处理器,采用软件定义技术路线支撑基础设施层资源虚拟化,支持存储、安全、服务质量管理等基础设施层服务,释放 CPU 的算力到上层服务。DPU 可以和 CPU、GPU 相结合,更好地适应数据中心技术发展趋势,满足智能计算对安全性、高算力的需求。

应用水平:DPU 受到国内外广泛的关注,作为一种面向数据处理领域的定制芯片,已开始进入产品应用阶段。2021 年,英伟达发布 BlueField-3 DPU 产品,不仅支持网络处理、安全、存储等功能,同时实现网络虚拟、硬件资源池化等基础设施层服务。此外,英特尔、迈威科技等公司也相继推出 DPU 芯片产品。

热词 9:存算一体芯片

基本定义:存算一体芯片将计算单元和存储单元融合

为一体，从而大幅减少处理器访问存储器的开销，极大提升芯片能效比。存算一体芯片因具有低功耗、高带宽、高能效的优势，能够有效支撑智能计算的发展。目前，存算一体芯片的实现主要分为两种思路：一种是让存储器本身具有计算能力，即直接在存储器内执行计算，通常针对SRAM 或 MRAM 等存储器；另一种在存储器内部集成额外的计算单元，缩短存储器与计算单元的数据传输距离以减少数据传输引起的延迟和功率损耗，该思路主要针对DRAM 等访问开销较大的存储器。

应用水平：存算一体芯片技术受到国内外广泛关注和众多企业青睐，技术处于快速发展阶段。三星研发了基于HBM2 的存内计算架构 Aquabolt-XL；Mythic、知存科技、九天睿芯、阿里巴巴等企业正在研发存算一体芯片。

热词 10：智能运维

基本定义：为支撑业务价值创造，以安全可控、效率提升、质量可靠、成本降低为目标，将先进信息技术应用于运维服务的各个领域，具有能感知、会描述、自学习、会诊断、可决策、自执行和自适应等特征的新型运维方式。

应用水平：当前智能运维处于快速发展阶段，成为越来越多企业关注的重点业务方向。根据 Gartner 发布的《2021 年中国 ICT 技术成熟度曲线报告》显示，智能运维市场将持续增长并影响整个 IT 运营管理市场，报告预计未来 2～5 年内智能运维将进入成熟期并会帮助企业大幅节约成本。

第 6 章 领域"长板"

6.1 计 算 模 式

云边协同是"端边云网智"融合计算模式的关键环节。我国以成立行业协会等方式凝聚产业共识,整合优质资源,开展技术攻关,完善标准体系,建立健康产业生态,在起步和整体发展上走在世界前列。首先,云边协同成为了政府和行业共识,《中华人民共和国国民经济和社会发展第十四个五年规划和 2035 年远景目标纲要》提出"协同发展云服务与边缘计算服务"的要求。其次,成立行业协会协同各方,云边协同产业方阵启动会在中国信息通信研究院成功举办,并且发布了国内首个分布式云和云边协同标准体系。最后,国内从业者积极推动融合计算技术创新与发展。中国移动、中国联通、中国电信三大运营商,网络设备提供商,如中兴、华为等,大型云服务企业,如阿里巴巴、腾讯、百度,众多小型 ICT 公司、云和边缘计算专业公司、垂直行业纷纷入局,布局完善融合计算体系。例如,浪潮发布边缘服务器 NE3160M5,汇聚强大的 AI 算力和网络通信能力;中国移动发布边缘计算通用平台OpenSigma2.0,提供更加灵活的架构、更加丰富的能力、更完备的服务流程、更友好的生态孵化环境;腾讯云开放首个 5G 边缘计算中心,率先从底层硬件到上层软件,完成 5G 和边缘计算的整体应用串联等。2022 年 4 月，清华大学团队和浙江大学团队在量子人工智能对抗攻击算法领域取得突破，通过理论与实验的结合，首次在量子原型机上验证了量子 AI 面临的对抗攻击问题。

6.2　计　算　芯　片

在智能时代，以人工智能为典型代表的强算力消耗型应用极大提高了对计算芯片的需求，国内不断涌现出大批技术先进、性能优越的计算芯片产品。燧原科技、百度、寒武纪、瀚博半导体、嘉楠科技、知存科技、阿里巴巴等众多国内科技公司已自主研发或推出了多款 AI 芯片，性能处于国际先进水平，极大地促进了我国 AI 芯片产业的发展。以存算一体芯片为代表的 AI 芯片在自主创新与前沿技术突破方面，我国已走在世界前列：知存科技推出国际首个存算一体 SoC 芯片 WTM2101，该芯片可在 sub-mW 级功耗下完成大规模深度学习运算；九天睿芯基于 SRAM 设计出可广泛应用于视觉领域的感存算一体架构芯片 ADA20X，该芯片具备数量级级别优势的超低功耗，仅为传统数字芯片功耗的约 1/10，同时可实现更高的能效比 (20TOPS/W)，ADA20X 已于 2021 年成功流片；2021 年，阿里巴巴旗下的达摩院计算技术实验室成功研发出基于 DRAM 的 3D 堆叠存算一体 AI 芯片，采用计算芯片和存储芯片"面对面"地用特定金属材质和工艺进行互连的创新技术，将数据存储单元和计算单元融合，可大幅减少数据的传输和搬运，从而极大地提升性能。不同应用场景对计算芯片提出不同的技术要求，围绕应用与技术研发的协同创新，全力促进智能计算的发展。

作者：王恩东　赵沁平　李论　李仁刚　王佳奇

参 考 文 献

[1] Jung S, Lee H, Myung S, et al. A crossbar array of magnetoresistive memory devices for in-memory computing. Nature, 2022, 601(7892): 211-216.

[2] Tong L, Peng Z, Lin R, et al. 2D materials-based homogeneous transistor-memory architecture for neuromorphic hardware. Science, 2021, 373(6561): 1353-1358.

[3] Wang C, Liang S J, Wang C Y, et al. Scalable massively parallel computing using continuous-time data representation in nanoscale crossbar array. Nature Nanotechnology, 2021, 16(10): 1079-1085.

[4] Tu F, Wang Y, Wu Z, et al. A 28nm 29.2 TFLOPS/W BF16 and 36.5 TOPS/W INT8 reconfigurable digital CIM processor with unified FP/INT pipeline and bitwise in-memory booth multiplication for cloud deep learning acceleration// 2022 IEEE International Solid-State Circuits Conference (ISSCC), San Francisco, 2022: 1-3.

[5] Intel Scales Neuromorphic Research System to 100 Million Neurons. https://www.intel.com/content/www/us/en/newsroom/news/intel-scales-neuromorphic-research-system-100-million-neurons.html[2022-06-24].

[6] Yeon H, Lin P, Choi C, et al. Alloying conducting channels for reliable neuromorphic computing. Nature Nanotechnology, 2020, 15(7): 574-579.

[7] Zhang Y, Qu P, Ji Y, et al. A system hierarchy for brain-inspired computing. Nature, 2020, 586(7829): 378-384.

[8] Hesslow D, Cappelli A, Carron I, et al. Photonic co-processors in HPC: using light on OPUs for randomized numerical linear algebra//2021 IEEE Hot Chips 33 Symposium (HCS), Palo Alto, 2021: 1-9.

[9] Zasedatelev A V, Baranikov A V, Sannikov D, et al. Single-photon nonlinearity at room temperature. Nature, 2021, 597(7877): 493-497.

[10] Lee W, Yu M, Lim D, et al. Programmable DNA-based Boolean logic Microfluidic Processing Unit. ACS Nano, 2021, 15(7): 11644-11654.

[11] Roswell Biotechnologies Unveils First Molecular Electronics Chip to Digitize Biology. https://www.prnewswire.com/news-releases/roswell-biotechnologies-unveils-first-molecular-electronics-chip-to-digitize-biology-301423839.html[2022-06-24].

[12] Angel N A, Ravindran D, Vincent P M D R, et al. Recent advances in evolving computing paradigms: cloud, edge, and fog technologies. Sensors, 2021, 22(1): 196.

[13] Microsoft Ignite. https://myignite.microsoft.com[2022-06-24].

[14] 微软智能云 Azure 迎来多项更新：让混合云、多云和边缘战略更加强大. https:// ignitechina.microsoft.com/n002[2022-06-24].

[15] Gupta S. Introducing Google Distributed Cloud: In Your Data Center, at the Edge, and in the Cloud. https://cloud.google.com/blog/topics/hybrid-cloud/ announcing-google-distributed-cloud-edge-and-hosted[2022-06-24].

[16] Google Distributed Cloud. https://cloud.google.com/distributed-cloud?hl=zh-cn[2022-06-18].

[17] AWS re:Invent 2022. https://reinvent.awsevents.com[2022-06-18].

[18] AWS for the Edge-Edge Computing and Storage, 5G, Hybrid, IoT: Amazon Web Services. https://aws.amazon.com/edge[2022-06-18].

[19] 艾瑞网. 2021 年中国边缘云计算行业展望报告. https://report.iresearch. cn/report/202106/3807.shtml[2022-06-18].

[20] 谷歌、英特尔、戴尔等多家 IT 大厂组成"现代计算联盟". http://www.itbear. com.cn/html/2020-12/394719.html[2022-06-18].

[21] 全球基础结构. https://azure.microsoft.com/zh-cn/global-infrastructure [2022-06-18].

[22] Dallas. AT&T and Microsoft Launch Azure Edge Zone in Atlanta. https:// about.att.com/story/2021/microsoft-azure-zone-atlanta.html[2022-06-25].

[23] Swinhoe D. Microsoft and AT & T Launch Azure Edge Zone in Atlanta. https://www.datacenterdynamics.com/en/news/microsoft-and-att-launch-azure-edge-zone-in-atlanta[2022-06-18].

[24] 基于 AWS 的 Volkswagen Group. https://aws.amazon.com/cn/solutions/case-studies/volkswagen-group[2022-06-25].

[25] iRobot 和 AWS IoT 轻松应对每年的流量高峰时段. https://aws.amazon. com/cn/solutions/case-studies/irobot-iot[2022-06-20].

[26] Cui Y, Zhang H, Ji H, et al. Cloud-edge collaboration with green scheduling and deep learning for industrial internet of things//2021 IEEE Global Communications Conference (GLOBECOM), Madrid, 2021: 1-6.

[27] Azure Percept 边缘计算解决方案. https://azure.microsoft.com/zh-cn/ services/ azure-percept[2022-06-20].

[28] 边缘计算解决方案. https://www.ibm.com/cn-zh/cloud/edge-computing[2022-

06-20].

[29] AI 基础架构解决方案和 AI 服务器. https://www.ibm.com/cn-zh/it-infrastructure/artificial-intelligence[2022-06-20].

[30] Amazon SageMaker Edge-边缘机器学习. https://aws.amazon.com/cn/sagemaker/edge[2022-03-15].

[31] Intel Unveils 12th Gen Intel Core, Launches World's Best Gaming Processor, i9-12900K. https://www.intel.com/content/www/us/en/newsroom/news/12th-gen-core-processors.html[2022-06-20].

[32] AMD EPYC™ 7003 Series CPUs Set New Standard as Highest Performance Server Processor. https://www.amd.com/en/press-releases/2021-03-15-amd-epyc-7003-series-cpus-set-new-standard-highest-performance-server[2022-06-20].

[33] Harrod A. ARM's Solution to the Future Needs of AI, Security and Specialized Computing is v9. https://www.arm.com/company/news/2021/03/arms-answer-to-the-future-of-ai-armv9-architecture[2022-06-20].

[34] Nellis S. SiFive Aims to Challenge ARM with New Tech, Pairs with Intel on Effort. https://www.reuters.com/technology/sifive-aims-challenge-arm-with-new-tech-pairs-with-intel-effort-2021-06-22[2022-06-20].

[35] Intel® Agilex™ FPGA and SoC FPGA. https://www.intel.com/content/www/us/en/products/details/fpga/agilex.html[2022-06-25].

[36] Clara S. AMD Completes Acquisition of Xilinx. https://www.amd.com/en/press-releases/2022-02-14-amd-completes-acquisition-xilinx[2022-06-25].

[37] NVIDIA A100 Tensor Core GPU Architecture Whitepaper. https://images.nvidia.cn/aem-dam/en-zz/Solutions/data-center/nvidia-ampere-architecture-whitepaper.pdf[2022-06-25].

[38] Thomas, B. NVIDIA in 2021: Ampere's Continued Domination. https://www.techradar.com/sg/news/nvidia-in-2021-amperes-continued-domination[2022-06-24].

[39] NVIDIA HOPPER 架构. https://www.nvidia.cn/technologies/hopper-architecture[2022-06-25].

[40] NVIDIA AMPERE 架构. https://www.nvidia.cn/data-center/ampere-architecture[2022-06-25].

[41] NVIDIA GRACE CPU. https://www.nvidia.cn/data-center/grace-cpu[2022-06-25].

[42] NVIDIA H100 TENSOR CORE GPU. https://www.nvidia.cn/data-center/h1

00[2022-06-25].

[43] NVIDIA OVX. https://www.nvidia.cn/omniverse/platform/ovx[2022-06-25].

[44] NVIDIA OMNIVERSE. https://www.nvidia.cn/omniverse[2022-06-25].

[45] 数字孪生. https://www.nvidia.cn/omniverse/solutions/digital-twins[2022-06-25].

[46] AMD Instinct™ MI Series Accelerators. https://www.amd.com/en/graphics/instinct-server-accelerators[2022-06-25].

[47] 天数智芯. https://www.iluvatar.com.cn/newsinfo[2022-06-25].

[48] Selvan A, Kanwar P. Google Showcases Cloud TPU v4 Pods for Large Model Training. https://cloud.google.com/blog/topics/tpus/google-showcases-cloud-tpu-v4-pods-for-large-model-training[2022-06-25].

[49] Labrie M. NVIDIA Unveils NVIDIA DRIVE Atlan, an AI Data Center on Wheels for Next-Gen Autonomous Vehicles. https://nvidianews.nvidia.com/news/nvidia-unveils-nvidia-drive-atlan-an-ai-data-center-on-wheels-fornext-gen-autonomous-vehicles[2022-06-25].

[50] Ethos-U65. https://developer.arm.com/Processors/Ethos-U65[2022-06-25].

[51] Burstein I. NVIDIA data center processing unit (DPU) architecture//2021 IEEE Hot Chips 33 Symposium (HCS). IEEE, 2021: 1-20.

[52] Burres B, Daly D, Debbage M, et al. Intel's hyperscale-ready infrastructure processing unit (IPU)//2021 IEEE Hot Chips 33 Symposium (HCS), Palo Alto, 2021: 1-16.

[53] Data Processing Units. https://www.marvell.com/products/data-processing-units.html[2022-06-25].

[54] 鄢贵海. 专用数据处理器(DPU)技术白皮书. 北京: 中国科学院计算研究所, 2021.

[55] Naffziger S, Beck N, Burd T, et al. Pioneering chiplet technology and design for the AMD Epyc™ and Ryzen™ processor families: industrial product// 2021 ACM/IEEE 48th Annual International Symposium on Computer Architecture (ISCA), Valencia, 2021: 57-70.

[56] AMD at Computex 2022. https://www.amd.com/en/events/computex[2022-06-25].

[57] Intel® Agilex™ 高级信息简述: 器件概述. https://www.intel.cn/content/www/cn/zh/docs/programmable/683458/current/fpga-and-soc-device-overview.html [2022-06-25].

[58] 思元 370 系列. https://www.cambricon.com/index.php?m=content&c=index

&a=lists&catid=360[2022-06-25].

[59] 姚科技. Apple 推出全球最强 Mac 电脑芯片 M1Ultra. http://news.sohu. com/a/528322818_380891[2022-06-25].

[60] UCIe. https://www.uciexpress.org[2022-06-25].

[61] Zhang X, Zheng X, Wang Z, et al. High-density multi-tenant bare-metal cloud//Proceedings of the Twenty-Fifth International Conference on Architectural Support for Programming Languages and Operating Systems, Lausanne, 2020: 483-495.

[62] 2020 年中国集成电路产业运行情况. http://www.csia.net.cn/Article/ ShowInfo. asp?InfoID=100520[2022-06-25].

[63] 2021 年中国集成电路产业运行情况. http://www.csia.net.cn/Article/ ShowInfo. asp?InfoID=107455[2022-06-25].

[64] LoongArch®. https://www.loongson.cn/loongArch[2022-06-25].

[65] 国产 CPU 厂商加速构建生态体系, 龙芯中科 LoongArch 指令集发布多款方案. https://m.gmw.cn/baijia/2022-01/14/35448684.html[2022-06-25].

[66] 平头哥. https://www.t-head.cn[2022-06-25].

[67] XiangShan. https://github.com/OpenXiangShan/XiangShan[2022-06-25].

[68] https://baijiahao.baidu.com/s?id=1714115544096253515&wfr=spider&for=pc.

[69] RISC-V 国产芯 10 连发!4 款采用平头哥玄铁处理器. http://www.techweb. com.cn/news/2021-12-17/2870096.shtml[2022-06-25].

[70] https://view.inews.qq.com/k/20220404A09V4G00?web_channel=wap&openApp= false&pgv_ref=baidutw.

[71] 登临科技首款 GPU+产品送样, 并完成 A+轮融资. https://www.denglinai. com/?news_10/80.html[2022-06-25].

[72] 摩尔线程. https://www.mthreads.com[2022-06-25].

[73] 关于我们|摩尔线程. https://www.mthreads.com/about[2022-06-25].

[74] JEGX. New Chinese GPU Maker Moore Threads Unveils the MTT S60 Graphics Card with Vulkan, OpenGL and Direct3D Support. https://www. geeks3d.com/20220401/new-chinese-gpu-maker-moore-threads-unveils-the-mtt-s60-graphics-card-with-vulkan-opengl-and-direct3d-support[2022-06-25].

[75] MTT S60. https://www.mthreads.com/product/S60[2022-06-25].

[76] MTT S2000. https://www.mthreads.com/product/S2000[2022-06-25].

[77] Trion 系列产品介绍手册. https://www.elitestek.com/uploads/soft/220720/ TrionFPGAOverview-v2_3.pdf[2022-06-25].

[78] 关于公司 JM9 系列图形处理芯片研发进展情况的公告. http://static.

cninfo.com.cn/finalpage/2021-11-16/1211601252.PDF[2022-06-25].

[79] Logos 系列. https://www.pangomicro.com/procenter/detail4.html[2022-06-25].

[80] 壁仞科技. https://www.birentech.com[2022-06-25].

[81] 2021-2022 年度人工智能前沿报告. https://www.shangyexinzhi.com/article/ 4812076.html[2022-06-25].

[82] 燧原科技. https://www.enflame-tech.com/news[2022-06-25].

[83] 林志佳. 燧原科技发布中国最大的 AI 计算芯片, 加速推进三大业务方向 落地: WAIC 2021. https://www.tmtpost.com/5461004.html[2022- 06- 20].

[84] 百度官宣自研芯片 "昆仑芯 2" 已量产, 系国内首款采用 GDDR6 显存的 通用 AI 芯片. https://www.kunlunxin.com.cn/5.html[2022-06-20].

[85] 思元 370 芯片. https://www.cambricon.com/index.php?m=content&c= index &a=lists&catid=360[2022-06-20].

[86] 瀚博半导体. https://www.vastaitech.com/cn[2022-06-20].

[87] 鲲云科技. https://www.corerain.com/press-releases.html[2022- 06-20].

[88] 嘉楠科技张楠赓: 边缘推理芯片是新型计算架构设计突破口. https:// canaan-creative.com/1333.html[2022-06-20].

[89] 腾讯首次公布三款自研芯片 AI 推理芯片紫霄已流片成功. http://hb. people.com.cn/n2/2021/1104/c194063-34989312.html[2022-06-20].

[90] 越影: 新一代智能图像处理引擎. https://www.hisilicon.com/cn/techtalk/ isp[2022-06-20].

[91] 富瀚微发布 FH8658:新一代 5M 高性能智能网络摄像机 So. https://www. fullhan.com/index.php?c=article&id=211[2022-06-20].

[92] "星光摩尔一号" 发布 我国在人工智能芯片领域取得重要突破. https:// m.gmw.cn/baijia/2021-09/28/35197829.html[2022-06-20].

[93] 征程®5. https://www.horizon.ai/journey5.html[2022-06-20].

[94] 上海车展首秀! 黑芝麻智能发布 196TOPS 自动驾驶芯片. https://auto. ifeng.com/quanmeiti/20210420/1564543.shtml[2022-06-20].

[95] 滨海发布. 我国自主研制的世界首款内生安全交换芯片 "玄武芯" 发布! 滨 城提供这些科研支持. https://new.qq.com/omn/20211218/ 20211218A09XJT00. html [2022-06-10].

[96] 知存科技的存算一体芯片 WTM2101 四大主要优势特点. https://www. ednchina.com/technews/14991.html[2022-06-20].

[97] 九天睿芯首款视觉应用的感存算一体新型架构计算芯片流片成功,可同时支 持基于帧的相机和事件相机的处理. http://www.reexen.com/index.php/ 2021/12/17/http-reexen-com-wp-admin-post-phppost280actionedit[2022-06-20].

[98] 全球首款，阿里达摩院成功研发基于 DRAM 的 3D 键合堆叠存算一体芯片. https://www.ithome.com/0/590/275.htm[2022-06-20].

[99] 国家发展和改革委员会. 关于印发《全国一体化大数据中心协同创新体系算力枢纽实施方案》的通知. http://www.gov.cn/zhengce/zhengceku/2021-05/26/ ontent_5612405.htm[2022-06-20].

[100] 工业和信息化部. 工业和信息化部关于印发《新型数据中心发展三年行动计划(2021-2023 年)》的通知. http://www.gov.cn/zhengce/zhengceku/2021-07/14/content_5624964.htm[2022-06-25].

[101] 中国 IDC 圈. 企鹅号云边协同产业方阵正式启动，首批 23 家单位齐聚京城. https://new.qq.com/omn/20210530/20210530A04QNY00.html[2022-06-25].

[102] 边缘计算产业联盟, 工业互联网产业联盟. 边缘计算与云计算协同白皮书 2.0. http://www.ecconsortium.org/Lists/show/id/522.html[2022-06-25].

[103] C114 通信网. 联想集团、中国联通联合发布 5G+MEC 车联网解决方案. http://www.c114.com.cn/news/16/a1156414.html[2022-06-25].

[104] 通信信息报. 中国电信发布 5G 医疗边缘云. www.sohu.com/a/463020007_482239[2022-06-25].

[105] C114 通信网. 中国移动发布边缘计算通用平台 OpenSigma1.0. https://finance.sina.com.cn/tech/2021-05-31/doc-ikmxzfmm5690227.shtml[2022-06-25].

[106] 中华网. 2021 中国移动创马大赛边缘计算专题赛暨 OpenSigma2.0 产品发布. https://m.metin2alemi.com/article/202110/17871.html[2022-06-25].

[107] MWC2021 浪潮发布全新开放标准边缘服务器 NE3160M5. https://www.inspur.com/lcjtww/445068/445237/2567786/index.html[2022-06-25].

[108] 环球网. 中科驭数与中移物联网达成战略合作: 聚焦边缘端网络处理、异构算力基础设施. https://baijiahao.baidu.com/s?id=16994610227426 80938[2022-06-25].

[109] 爱云资讯. 爱智操作系统 EdgerOS 重磅发布: 面向万物互联的智能边缘计算操作系统. https://tech.tom.com/202109/1676808572.html[2022-06-25].

[110] DoNews. 企鹅号华为发布开源操作系统 openEuler 21.09 创新版本. https://new.qq.com/omn/20210925/20210925A03NNK00.html[2022-06-25].

[111] 深圳特区报. 腾讯云首个 5G 边缘计算中心开放. http://www.xinhuanet.com/tech/2020-10/15/c_1126612552.htm[2022-06-25].

[112] 阿里云边缘容器服务 ACK@Edge 通过 33 项测评，拿到"2021 云边协同能力认证". https://developer.aliyun.com/article/ 784645[2022-06-25].

[113] 百度智能云以端边云全面智能化的天工 AIoT 平台 2.0 打造智能物联网解决方案. https://cloud.baidu.com/news/detail.html?type=news&newsId=ef6d5131-d0f2-4a99-a9f0-a477740b4a34[2022-06-25].

[114] 凌华科技推出边缘视觉分析软件开发套件 EVA SDK 加速边缘 AI 视觉. https://www.ednchina.com/products/7878.html[2022-06-20].

[115] 和利时边缘智能控制器、边缘智能一体机新品首发. http://www.ecconsortium.org/Lists/show/id/674.html[2022-06-25].

[116] 边缘计算产业联盟 ECC. 中国移动通信研究院: 面向 5G 边缘计算的智慧港口解决方案. https://www.sohu.com/a/441537948_100019702[2022-06-25].

[117] 智能边缘平台 (Intelligent EdgeFabric). https://www.huaweicloud.com/product/ief.html[2022-06-25].

[118] 讯琥科技与中国移动开展 "边缘计算+区块链" 应用联合测试. http://www.ecconsortium.org/Lists/show/id/542.html[2022-06-25].

[119] C114 通信网. 首个 5G+AI 边缘计算路侧融合网关发布 中信科移动与地平线共建智能网联汽车生态. http://www.c114.com.cn/news/5455/a1160271.html[2022-06-25].

[120] MWC2021 浪潮发布全新开放标准边缘服务器 NE3160M5. https://www.prnasia.com/story/324731-1.shtml[2022-06-25].

[121] 全国能源信息平台. 国网信通产业集团北京分公司多站融合业务探索取得重要突破. https://baijiahao.baidu.com/s?id=1707876872664865979[2022-06-25].

[122] 杨春建. 构建 MEC 全方位安全体系. http://www.zte.com.cn/china/about/magazine/zte-technologies/2020/1-cn/4/6[2022-06-25].

[123] 杨鑫, 赵慧. MEC 的云边协同分析. http://www.zte.com.cn/china/about/magazine/zte-communications/2020/cn202003/specialtopic/cn202003006[2022-06-25].

[124] 锌财经官网. 腾讯云首发《链计算白皮书》从链计算走向无边界协同. https://t.cj.sina.com.cn/articles/view/6235467698/173a9afb200100yjmb[2022-06-25].